iyi ki **kitap**lar va

Telif Geliri
İDER VAKFI (İnsani Değerler ve Ruh Sağlığı)'na
tahsis edilmiştir.

MESNEVİ TERAPİ
Prof. Dr. Nevzat Tarhan

TİMAŞ YAYINLARI | 2765
Psikoloji Kitaplığı | 49
Nevzat Tarhan Kitaplığı | 12

YAYIN YÖNETMENİ
Emine Eroğlu

YAYINA HAZIRLAYAN
Hasan Hüseyin Kemal

EDİTÖR
Seval Akbıyık
Fahrünnisa Erdem

KAPAK TASARIMI
Ravza Kızıltuğ

1. BASKI
Mayıs 2012, İstanbul

9. BASKI
Aralık 2014, İstanbul

ISBN
ISBN 978-605-08-0271-9
9 786050 802719

TİMAŞ YAYINLARI
Cağaloğlu, Alemdar Mahallesi,
Alayköşkü Caddesi, No: 5, Fatih/İstanbul
Telefon: (0212) 511 24 24
P.K. 50 Sirkeci / İstanbul

timas.com.tr
timas@timas.com.tr
facebook.com/timasyayingrubu
twitter.com/timasyayingrubu

Kültür Bakanlığı Yayıncılık
Sertifika No: 12364

BASKI VE CİLT
Çınar Matbaacılık
Yüzyıl Mah. Matbaacılar Cad.
Atahan No: 34 Kat 5
Bağcılar / İSTANBUL
Tel: (0212) 628 96 00
Matbaa Sertifika No: 12683

MESNEVİ TERAPİ

Prof. Dr. Nevzat Tarhan

Prof. Dr. Nevzat Tarhan

Merzifon'da 1952 yılında doğdu. 1969 yılında Kuleli Askeri Lisesi'ni, 1975 yılında İstanbul Üniversitesi Cerrahpaşa Tıp Fakültesi'ni bitirdi. GATA stajı, Kıbrıs ve Bursa kıta hizmetinden sonra 1982 yılında GATA'da psikiyatri uzmanı oldu. Erzincan ve Çorlu'da hastane hekimliği sonunda GATA Haydarpaşa'da yardımcı doçent (1988) ve doçent (1990) oldu. Klinik direktörlüğü yaptı. Albaylığa (1993) ve profesörlüğe (1996) yükseldi. Kendi isteğiyle emekli oldu. 1998 yılında Memory Center of America'nın Türkiye temsilciliğini aldı.

Halen Türkiye'nin ilk nöropsikiyatri hastanesi olan NPİSTANBUL Nöropsikiyatri Hastanesi Yönetim Kurulu Başkanlığı, Üsküdar Üniversitesi Kurucu Rektörlüğü görevlerini yürütmektedir.

31'i uluslararası olmak üzere 100'ün üzerinde yayını vardır. İngilizce ve Almanca bilmektedir. İki çocuk babasıdır.

Bazı Ödülleri:

"Destructive Drives and Impulse Control" konulu uluslararası kongrede "En İyi Araştırmacı" ödülü (1991),

STV'de yaptığı "Makul Çözüm" programı için RTGD "En İyi Toplum Programı" ödülü (2003),

SKY TURK'te yaptığı "Psikoyorum" programı için Başbakanlık Aile ve Sosyal Araştırmalar Genel Müdürlüğü tarafından verilen, "Aile Eğitimine Verdiği Destek ve Topluma Yaptığı Koruyucu Ruh Sağlığı Hizmeti" ödülü (2005),

Amasya Vakfı tarafından verilen "Altın Elma" ödülü (2007),

Prof. Mümtaz Turhan Sosyal Bilimler Lisesi Psikoloji dalında "Altın Lale" ödülü (2009),

OHSAD ve Hasta Güvenliği Derneği tarafından verilen "Hasta Güvenliği İyi Uygulama" ödülüne (2009) layık görüldü.

Yayınlanmış Kitaplarından Bazıları: (Yayında olan tüm kitaplarının telif hakkını İDER Vakfı'na bağışlamıştır.)

1- "Kendinizle Barışık Olmak" 2001
2- "Mutluluk Psikolojisi, Stresi Mutluluğa Dönüştürmek" 2002
3- "Psikolojik Savaş, Gri Propaganda" 2002
4- "Aile Okulu, Makul Çözüm, Aile İçi İletişim Rehberi" 2004
5- "Kadın Psikolojisi" 2005
6- "Evlilik Psikolojisi" 2006
7- "Duyguların Psikolojisi" 2006
8- "Hayata Dair, Yaşama Sevinci-2" 2007 (Dr. Elif Ilgaz Aydınlar ile ortak yazar)
9- "İnanç Psikolojisi" 2009
10- "Var mı Beni Anlamak İsteyen? Gençlik Psikolojisi" 2009
11- "Toplum Psikolojisi" 2009
12- "Asimetrik Savaş, Politik Psikoloji" 2010
13- "Son Sığınak Aile" 2010
14- "Bağımlılık, Gerçek veya Sanal" 2011 (Dr. Serdar Nurmedov ile ortak yazar)
15- "Güzel İnsan Modeli, Değerler Psikolojisi" 2011
16- "Sen Ben ve Çocuklarımız" 2012
17- "Çağın Vicdanı Bediüzzaman" 2012
18- "Mesnevi Terapi" 2012
19- "Pozitif Psikoloji" 2012
20- "Yunus Terapi" 2013
21- "Aşk Terapi" 2014
22- "Bilinçli Aile Olmak" 2014

ntarhan@uskudar.edu.tr ntarhan@gmail.com
www.npistanbul.com www.e-psikiyatri.com www.nevzattarhan.com www.ider.org

İÇİNDEKİLER

Mevlana der ki...

"İnsanda güzel olan yüzdür,

Yüzde güzel olan gözdür,

Ama insanı insan yapan ağızdan çıkan sözdür..."

"Üzülme" der Hz. Mevlana ve devam eder;

"Sopayla kilime vuranın gayesi kilimi dövmek değil,

Kilimin tozunu almaktır.

Allah sana sıkıntı vermekle tozunu, kirini alır."

"Üzülme" der, Mevlana...

"İstediğin bir şey olmuyorsa ya daha iyisi olacağı için... Ya da gerçekten de olmaması gerektiği için olmuyordur..."

"Niye kederlenirsin?" der Hz. Mevlana...

"Taş taşlıktan geçmedikçe parmaklara yüzük olamaz.

Yüzük olmak dileyen taş, ezilmeyi yontulmayı göze almalıdır."

ÖNSÖZ

Dünya "Benim terapistim diyor ki..." diye başlayan sohbetleri yaygın bir biçimde yaşıyor, 'talk show'lar, TV programları 'grup terapi seansı' gibi düşünülüyor.

ABD'de en çok satan kitaplar arasında Mevlana'nın eserlerinin olması ve bu kitapların "Rumi Meditasyon" adı ile çok kabul görmesi hep ilgimi çekmiştir. Bunun nedenini çoğu defa maddeci keskinliklerin kötü sonuçlarını görmelerine bağlıyordum.

Daha sonra başka bir şey daha fark ettim. ABD'nin kuruluş felsefesinde Mevlana'nın kaynak gösterilmeyen bir etkisi vardı.

George Washington ABD'nin felsefesi olan kurucu lideridir. "110 Rules of Civility and Decent Behavior in Company and Conversation, 1737 (Medeniyet ve Edepli Davranışın İnsan İlişkilerinde ve Şirket Yönetiminde Önemi; 110 Kural)" isimli eseri incelendiğinde fikri temellerinde ve spiritüel yolculuğunda Mevlana'nın belirleyici rol oynadığı görülür.

O tarihte referans gösterme geleneğinin olmaması nedeniyle Mevlana kaynağı hep gözden kaçtı. Diğer taraftan demek ki biz de elimizdeki kıymetli taşa sahip çıkmadık ki o taş kıymetini bilene gitti.

Bir örnek vermek gerekirse, G. Washington "Vicdan, semadaki kutsal ışıktan bugünümüze ve kalbimizin içine yansıyan iç ses ve kıvılcımdır" sözü ile vicdanı tanımlamaktadır. Bu sözde kapitalizmden eser yoktur.

Psikiyatrik tıpta ruh sağlığını koruyan ve önleyici ruh sağlığında kullanılan çeşitli yöntemlerden söz edilir. Bibliyoterapi bunlardan bir tanesidir. Bibliyoterapi "kişinin ruhsal problemlerinin çözümünde rehberlik sağlaması için seçilmiş okuma materyallerinin kullanılması" olarak tanımlanır. Uzman desteğinde uygulandığında tedavi edici olur. Kişi kendisine verilen metinleri bireysel olarak okuyup, analiz edip faydalanırsa tedaviye katkı sağlar.

Peki, ben bu kitapta hangi yöntemi uyguladım?

Şu ana kadar psikoloji profesyonellerince yapılan çalışmalarda Mevlana öğretisinde psikanaliz kıyaslamaları ile yorumlar yapılıyordu. Ben farklı bir yöntem izledim.

Mevlana'yı fiilen ve şeklen bugüne getirmek ve olduğu gibi taklit etmek yerine, zihnen ve hissen o güne gidip bilimin yeni metodolojisini kullanarak Mevlana'yı çağa uygun biçimde yeniden yorumlama yöntemini kullandım. Bu yöntem sayesinde akla ve ihtiyaca uyarlanabilir, uygulanabilir, beklenti ve istek oluşturabilir bir sunum yapabileceğimi düşündüm.

Psikoterapilerin birer zihin eğitimi olduğu yeni bilimsel yaklaşımdır. Bu yaklaşımın teorik temeli ile Mevlana öğretisinin teorik temelleri örtüşmektedir.

Yeni Zihin Modeli tedavilerinde insan zihni eğitimle denetimimize girer (Özdenetim), önceden eğitilmişse kriz durumunda kontrol edilebilir (CBT, Davranışçı Bilişsel Tedaviler). Tasavvuf modelinde de insan zihninin eğitimi fil eğitimine benzer. Fil güçlü, sabırlı, saygılı ve itaatkâr bir hayvandır. Bu kadar incelikle itaat eden bir hayvan kriz durumunda kontrolünü kaybedebilir, sahibini bile öldürebilir. İnsan beyni de kontrol edilemeyen stres altında benzer tepkiyi vererek kişiye kalp krizi geçirtebilir.

İşte Mevlana metakognisyon tedavilerinde olduğu gibi düşünce hakkında düşündürterek bize içimizdeki vahşi enerjiyi yönetmemizi öğretiyor. Bu kitapta size bunu sunmaya çalışacağım.

Günümüzde psikiyatri pratiğinde kullanılan, insanın ruhsal olarak sağlıklı olmasına engel olan ve hastalığının devamına sebep olan zihin haritalarını, kalıp yargılarını ve yanlış inanışlarını ölçen ölçeklerden faydalandım. Bunlar insanın düşüncesi hakkında düşünmesini sağlayan yüksek zihinsel fonksiyonlarla ilgili ölçeklerdir. PBQ, NCQ, EQ, NCRS, PCRS 1, 2, 3 gibi... Bu ölçeklerde geçen hatalı kalıp düşünceleri hikâyeden önce yazdım, sonra Mevlana'nın ilgili hikâyesini aktardım. Daha sonra yorum yaparak konuyu tamamladım. Ayrıca hisseden, düşünen ve sosyal zihnin eğitiminde kullanılan "10 Basamakta Duygusal Zekâ Eğitimi" modelini Mevlana'dan öyküler ve benim yorumumla açıklamaya çalıştım. Ümit ederim faydalı olur.

Mevlana'dan ilham alarak ben de derim ki...

"İnsanın gözü kördür ışık olmadıkça,
Aşkın gözü kördür gerçekler olmadıkça,
Aklın gözü kördür ahlak olmadıkça,
Hırsın gözü kördür terazi olmadıkça,
Şöhretin gözü kördür tevazu olmadıkça,
Gücün gözü kördür erdem olmadıkça,
Paranın gözü kördür insaf olmadıkça,
Menfaatin gözü kördür empati olmadıkça,
Adaletin gözü kördür hakkaniyet olmadıkça,
Tabibin gözü kördür tıp etiği olmadıkça,
Medeniyetin gözü kördür bilgelik olmadıkça..."

Bilgi çağından bilgelik çağına geçerken Mevlana'ya çok ihtiyacımız var. Çünkü DNA'larımızda iyilik ve kötülüğü kodlayan genler yok. Hayatta yol gösterici arayanlara Mevlana ile bilimi birleştirmek gibi bir seçenek sunmaya çalıştım.

Aklın rehber olduğu günümüzde kalbe bir yolculuk yapmak isteyenler bu kitabı dikkatle okumalıdırlar derim.

Hiçbir din, doktrin ve ideolojinin temsilcisi olmadan hakikat aşkı ile olaylara bakanlar geçmişimizdeki bu hazineyi yeniden keşfedebilecekler diye düşünüyorum. Umarım Hz. Mevlana'ya yeni bir bakış ve yorum getirebilmişimdir.

Nevzat Tarhan
14 Nisan 2012
İstanbul

Birinci Bölüm

İNSANLIK MEVLANA'YI YENİDEN KEŞFEDİYOR

Günümüzde, özellikle Batı dünyasında Hz. Mevlana'ya karşı büyük bir ilgi var. Modernizmde ve bilimde dahi Mevlana'nın öğretilerinden izler görülüyor. Bu izler modernizmi ve bilimi tamamlıyor. Bir bakıma insanlık da Mevlana'yı yeniden keşfediyor. Mevlana kendi döneminde çığır açmış bir bilge. Yaşadığı dönemin insanları ve kültürü üzerindeki etkileri hâlâ canlı. Bu kalıcı etkiler insanın düşünce ve duygu donanımını değiştirecek güçte. Mevlana'nın öğretilerindeki örnekler günümüzde yaşananlara göre yeniden yorumlanmalı. Çünkü o, kendi çağının sorularına zamanın ruhuna göre cevaplar vermiş. Geldiğimiz noktada yeni sorulara Mevlana'nın öğretileri üzerinden yeniden cevap vermek gerekiyor. Mevlana'yı bu çağın gözüyle okuyup, özünü koruyarak günümüz insanına sunmalıyız. Mevlana'yı bir roman kahramanı gibi değil de daha çok günlük hayatta bize yol gösterici olarak tanımalıyız.

İnsanlığın sürekli bir değişim içinde olduğu günümüzde, değişimin nabzını tutmak artık zaruri. Öyle bir çağda yaşıyoruz ki artık yeni dünyanın sembolü internet. Bütün gezegeni kaplayan bir sohbet ağı ile çevriliyiz. Sohbetin böylesine gündemde olduğu bir çağda Mevlana'nın o küçük sohbetleri bütün dünyaya fayda sağlayacak bir fonksiyon kazanabilir.

Bilgi Çağından Bilgelik Çağına

İnternetin getirdiği imkânlarla Mevlana'nın öğretileri arasında nasıl bir ilişki kurulabilir? DNA ile Mevlana'nın nasıl bir ilişkisi var?

Bilindiği gibi, DNA sarmal bir yapıdır ve bu yapıda varoluşun şifreleri gizlidir. Bu şifrelere uygun davranıldığı zaman kişinin biyolojik doğasına uygun davranılmış oluyor. O kişinin fıtratına uygun davranıldığı için yapılan iş sonuç veriyor. Mevlana da adeta insanlığın DNA'sını çıkarmış gibi! İnsanlığın şifrelerini tanımlamış ve duygu DNA'sının şifrelerini belirlemiş.

İnsanlık tarihine bütünlüklü olarak baktığımızda ilkçağda insanların toplayıcılık ve avcılıkla hayatlarını idame ettirdiklerini görüyoruz. Gidip diğer kabileleri yağmalıyorlar. Güçlü olan, güçsüz olanı bir şekilde kullanıyor. Tarım dönemiyle birlikte yerleşik kültür gelişmeye başlıyor. 18. yüzyıla geldiğimizde Endüstri Devrimi gerçekleşiyor. Saydığımız her dönemin düşünce kalıpları farklıdır. Toplayıcılık-avcılık döneminde insanlar "saldır, avla, topla ve hayatını sürdür" mantığıyla yaşıyorlardı. Tarım döneminde "toprak ana" düşüncesi yaygınlık kazandı. Endüstri döneminde ise insanoğlu sanayileşmenin etkisiyle hep "daha fazla"sını talep etmeye başladı. Bütün bunların hepsinin temelinde insanın başlıca ihtiyaçları olan yaşama ve öğrenme dürtüsünü görüyoruz. Öğrenme dürtüsü sayesinde insan kendini geliştiriyor. Hayatta kalma dürtüsünden sonra gelen toplumsal bir varlık olarak yaşama dürtüsü, toplumsal hayatı ve tarım toplumunu ortaya çıkarmıştır. Oysa bir önceki evrede, avcılık döneminde, insanoğlu daha bireyseldir. Tarım toplumu döneminde insanın düşünce ve donanımı farklılaşmıştır. Endüstri toplumunda ise düşünce ve donanımı kâr-zarar analizine dönüşmüştür. Yani insan artık havuç ve sopa paradigmasıyla hareket etmektedir.

İyi iş yapanı ödüllendirir, kötü iş yapanı cezalandırır. Böylelikle "üretmeyen" değersizleşir. Aslına bakılırsa, bir bakıma "insan" değersizleştirilir.

Endüstri çağında iyi bir at, zayıf bir insandan daha kıymetlidir. Çünkü onun üretime katkısı vardır. Bu anlayışın hâkim olduğu yapılarda, insanlar farkında olmadan aynı düşünce yapısını çocuğuna bile uygulayabilir. "Benim için değer üretmiyorsan değersizsin!" O çocuk kendini evde mutlu hissedemez ve arayışa girer.

Materyalist felsefe her şeyi kâr-zarar paradigmasıyla ve havuç-sopa yöntemiyle ele alır. Tarım toplumundaki sosyalliğin üzerine teknolojinin getirdiği hız ve metot sebebiyle insanlık, güçlü olanın zayıf olanı ezdiği bir yapı oluşturuyor. Düşünüş tarzı olarak da soyut bilgiyi ikinci plana atan, maddesel bilgiyi öne çeken diyalektik materyalizm hâkim olmaya başlıyor. Ve böylece maddeye boğulmuş bir insan ortaya çıkıyor. Endüstri Devrimi aslında bir bakıma insanlığın altyapısını, tarım toplumu devrinde kazandığı sosyalliği bozdu. Altyapısı değişen bina ister istemez çatırdar. Artık insanlar daha zengin ama daha mutlu değil.

20. yüzyılda ise bilgi çağı geldi. İyi-kötü, doğru-yanlış paradigması bilgi gücünün üstün olup olmamasına göre değişti. Tasarım üretimden daha değerli hâle geldi. Sen bir fabrika inşa ediyorsun ama o fabrikanın bir parçasını sıfırdan üreten/tasarlayan kişi fabrikanın üretiminden daha fazlasını alıyor. Hiç üretim yapmadan marka değerini satan girişimciler var. Girişimciler artık bilgilerini satıyorlar. Böylece makineye hâkim olundu. Fakat yukarıda söz ettiğimiz bozulan altyapı, o paradigma değişmedi. İnsanlık, toplayıcılık döneminden tarım dönemine geçerken daha toplumsaldı ve daha insancıldı. İnsanlık bilgi çağında da mutlu değil. Bilgi toplumunda insan her zamankinden daha hızlı, teknolojiyle birçok şeyi

elde edebiliyor fakat insanlığa tarım toplumundaki huzuru ve dengeyi sunamıyor.

Bilgi çağında insanlık yeni bir şeyi fark etmenin eşiğinde. Bilginin üstünde başka bir bilgi daha var. O bilgi; vicdanî bilgi, iç sestir. Onun için 21. yüzyıl bilgelik çağı olacak diyoruz. Eğer insanlık bilgeliği yakalayamazsa bütün kazanımları boşa gidecek.

Yeni yüzyılın savaşı iyinin ve kötünün savaşı olacak. Kötü, geçerli yöntemleri uygularsa başarılı olur. İyi, geçersiz yöntemler kullanırsa başarılı olamaz. Metodoloji yadsınamaz bir noktada duruyor. Yeni yüzyılın metodolojisi ise teknolojidir. O hâlde iyi insanlar da iyi yöntemler kullanarak başarılı olmalılar. Hz. Peygamber (sav) "İyi niyet ve güzel gayret varsa onun tamamlayıcısı Allah'tır" diyor. Yani aslolan, iyi niyetli bir çaba. Niyetin farkındalığı ise vicdandadır çünkü vicdanın temel unsurlarından biri de iyi niyettir. O yüzden "vicdanî zekâ" diyebileceğimiz yeni bir zekâ türünün geliştirilmesi gerekiyor. Teknolojinin de yardımıyla bütün gezegen çapında sohbet ortamının baş sohbetçisi Mevlana olabilir.

Bilgi Çağındaki İnsanın Arayışları

Tarihin eski devirlerinde de bugünün insanında da ortak olan bir arzu var: Dünyaya hâkim olmak, kendini gerçekleştirmek, tarihe iz bırakmak... Şartlar farklı olsa da bu arzu hepimizde ortaktır. Bunların hepsi insanın psikolojik ihtiyaçlarıdır. Daha doğrusu, talepler sonucunda ortaya çıkan ihtiyaçlardır. Yani ihtiyaç olduğu için arzu etmiyoruz, bunlar arzu ettiğimiz için ihtiyaç hâline geliyorlar.

İnsanda bir arzu hiyerarşisi var diyebiliriz. Çok bilinen Maslow'un ihtiyaçlar hiyerarşisinde üst basamaklara çıktıkça "kendini gerçekleştirme" ihtiyacını görürüz. İnsanda, temel ihtiyaçlar karşılandıktan sonra kendini gerçekleştirme ihtiyacı ortaya çıkıverir. Kendini gerçekleştirme arzusu insanı bir arayışa sürükler. Arayışa girdiğimizde soyut amaç ortaya çıkar. Çünkü insanın olağan işlerinin ötesinde, olağanüstü bir proje geliştirme gereksinimi vardır. İnsanı geliştiren ve diğer canlılardan ayıran yanı budur. Ayrıca insan varoluşunun farkındadır, ölümü sorgular ve anlamlılık arayışından doğan bir iz bırakma ihtiyacı hisseder. İnsanın en yüksek arzusu ölümsüzlük arzusudur. Bu arzu da insanın hayatı, varoluşu sorgulamasına sebep olur ve onu Yaratıcıyı araştırmaya iter. Bu da insanda vicdanî bir iç ses oluşturur.

Bilgi çağını, bilgelik çağına dönüştürürken Mevlana'nın öğretisi müthiş bir bilgi bankasıdır. İnsanlığın Mevlana'nın düşünce ve duygu donanımına ihtiyacı var. Bu, denizde derinlere dalmak için özel dalış kıyafetleri giymeye benzer. İnsanın manevî olarak gelişebilmesi için onunla ilgili bir donanıma sahip olması gerekir. Ancak o şekilde derinlere dalabilir ve insana ait hazineler keşfedebiliriz.

Dünya Çapında Vicdanî Zekâ Arayışları

Duygusal zekâ eğitimi olarak sunulan çalışmalara bakınca birinci aşamada "özbilinç"i görüyoruz. Mevlana'nın eserlerine baktığımızda da birçok şeyin "kendini tanıma"ya dayalı olduğunu fark ediyoruz. Kişinin güçlü yönlerini, zayıf yönlerini, sorun çözme stilini, iletişim stilini, önündeki imkânları sıralayan altı boyutlu bir bakış açısı vardır. Bu altı boyutlu bakış, bütüncül bakıştır. Modernizm insana "kusursuz"luk ön kabulüyle yaklaşır. Hümanizmin hatası buradadır. "İnsan doğuştan iyidir" der, "Kötülükler haricidir; dışarıdan, sonradan gelmiştir." Böyle olunca insan kendi içindeki kötü duyguları kendi zaafı olarak değil de dışarıdan gelen bir şey olarak görüyor. Müthiş bir savunma içerisine giriyor ve ruh sağlığı bozuluyor. Oysa insanın içinde kötücül ve iyicil arzular vardır. Hümanizmin kötücül arzuları yok sayması insana kendini yanlış tanıtıyor.

"En büyük hümanist Mevlana değil mi?" diyenler olabilir. Değildir! Hümanizm ayrı, hümanisite ayrı şeylerdir. İnsancı olmakla insana önem vermek birbirinden farklı tavır alışlardır. "İnsancılık" insanı fanatik bir hümanizmaya götürebilir. Kendi kusurlarını görmesini engeller. Hümanisite ise insani değerleri yükseltmeyi hedefler.

İyicil ve Kötücül Eğilimler

1995'ten sonra yapılan nörolojik çalışmalarda insan beyninin çalışma şekline dair yeni bilgiler elde edildi. Duygusal beyin ortaya çıktı ve insan beyninin nefret, öfke, düşmanlık gibi duygular ürettiği tespit edildi. Burada şunun altını çizelim: İnsanların suç işlemeleri onların kaderi olarak görülmemelidir. İnsanda suçluluk geni yoktur, suça eğilim geni vardır.

Mesela kadın beyniyle erkek beynini kıyaslayalım. Erkek beyninde agresiflikle ilgili genetik kodlar, kadın beyninde ise empatiyle ilgili genetik kodlar ağırlıkta. Erkeğin agresif olması genetik bir olgudur. Fakat bu, nükleer enerji gibidir. İyi amaçla kullanılırsa kişiyi harekete geçirir. Kötü amaçla kullanılırsa zarar verir. İnsanın kötülüğe meyli vardır ancak bu mutlak şartta kötülük işleyeceği anlamına gelmez. Yoldan geçerken yerde gördüğü parayı almak isteyebilir. Çünkü insanda kolay elde etme, emek vermeden kazanma arzusu vardır. Örneğin dünyanın en bencil varlığı çocuklardır. "Hep bana hep bana" derler, kendilerini dünyanın merkezi olarak görürler. Çocukta iyi-kötü, güzel-çirkin ayrımı yoktur. Ama bu durum çocuğun kötü olduğunu göstermez. Sadece insanda ham olarak kötülük eğilimlerinin de olduğunu gösterir. İnsanın iyi veya kötü olmasını ona verdiğimiz eğitim belirler. Yani iyicil ve kötücül eğilimler insanda bir çeşni olarak mevcuttur. İnsan iyicil duygularını beslemeli, kötücül duygularını ayıklamalıdır.

Sol beyin muhakeme, analiz ve hesaplamayla; sağ beyin ise müzik, sanat ve heyecanla ilgili kararları verir. Ön beyin ise beynin hangi yarısının kullanılacağını belirler. Şu anda psikolojinin en çok uğraştığı konu budur: İnsan nasıl karar veriyor? Seçimlerini nasıl yapıyor?

Evet, genler "Şunun parasını al", "Şuna zarar ver" gibi düşüncelerin oluşmasına sebep oluyor. Ama insan, o düşünce geldiği zaman iyicil yönlerini güçlendirip "Ne yapıyorsun! Bu yanlış! Hem sana, hem ona zararı var" diyor ve beyindeki iyicil dürtüler onu kontrol ediyor. İnsan kendinde iyiyi galip getirdiği sürece gelişiyor.

Kötücül eğilimler emredici değil. Sadece yönlendirici, telkin edici fonksiyonları vardır. Yani bunlar beyinde iç ses oluşturabiliyorlar ama yaptırım güçleri yok. Kararı veren beyin.

Bununla birlikte bazı insanların kötücül duyguları daha fazla olabilir. Örneğin bazı kişiler yaratılıştan daha kıskanç olabilirler. Bu kişilere "Kıskançlığını yok et" demek psikolojik doğalarına uymaz. Onun yerine "Kıskançlığının yönünü başka bir hedefe yönelt ve onunla rekabet et" denmelidir. Eğitimde esas olan o duygulara yön verebilmektir.

Mevlana'nın öğretilerinin kazandıracağı donanım, bilgelik çağında insana önemli bir fayda sağlayacaktır. Psikolojide "dejavu" diye bir kavram vardır. İnsan daha önce görmediği bir şeyi görmüş gibi bir hisse kapılır. Mevlana okurken bu hissi çok yaşarız. Çünkü o insana ezelden tanıdığı şeyleri hatırlatıyor. Aslında buradaki hatırlama bir tür sezgisel keşiftir. Yani aslında insan, kendisinde saklı duran hazinenin farkında değildir. Mevlana'nın bir sözü o hazineyi fark ettirecek duyarlılığı harekete geçiriyor. O hazineye dair bir "dejavu" duygusu ve talep meydana geliyor. Mevlana, gizli ihtiyaçlarımızı ortaya çıkarıyor.

Tabiri caizse, hepimizin yazılımı aynı ve Mevlana bir şey söylediğinde hepimiz o yazılıma geri dönüyoruz. Bir bakıma ruhsal yapımızdaki şifrelere dokunuyor. Bizde var olan bir duyarlılığı harekete geçiriyor. Güzele, iyiye duyduğumuz özlemi, hatta arzu eksikliğimizi hissettiriyor. Eksikliğin fark edilmesi ihtiyacı ortaya çıkarıyor. İşte o ihtiyacı ele alma biçimimize göre sezgisel algı oluşuyor. Bu sezgisel algıya vicdanî sezgi de denebilir.

Kuluçka Devrinin Kazandırdıkları

Mevlana çağın vicdanına hizmet etmiş birisi olduğundan günümüzde de onun vicdanî sezgisine ihtiyacımız var. Ama bunun olabilmesi için önce istemek gerekiyor. O vicdanî sezgiye duyduğumuz arzu, peşinden ona dayalı bir ihtiyacı ve ihtiyacı giderme gereksinimini doğuruyor. Doğrusunu isterseniz, bu noktada bir sancı hissedilir. İhtiyacın şekillendirdiği bir kuluçka dönemi yaşanır.

Kuluçka döneminde acele etmemek, güzelliğin ortaya çıkmasını beklemek, sabretmek gerekir. Çile çekmeyi göze almak gerekir. Kuluçka döneminde üretken düşünceyle önce fikirleri ekiyor ve hayal ediyoruz. Böylece ihtiyaç oluşuyor ve onu gerçekleştirmeye çalışıyoruz. Artık içimizde bir ses uğuldamaya başlıyor. Bu ses bizi bir eyleme sevk etmediğinde, düşünce boyutunda kaldığında keşif gerçekleşmiyor. İşte bu noktada, içimizde uyanan arzuyu, ondan gelişen ihtiyacı ve kuluçka döneminde ortaya çıkan hayali, iç sesi hayata geçirecek adımlar atmak lazım. Hayal kurulan kuluçka döneminde bekleme sabrını göstermek lazım. Bu sabrı gösterebildiğimiz zaman Arşimet'in suyun kaldırma kuvvetini bulduğu gibi doğum gerçekleşiyor. Newton'un da veba salgınında kütüphaneden çıkmadığı dönem onun kuluçka dönemidir. Ondan sonra yerçekimi kuvvetini keşfetmiştir.

Ağaçların bir haftada meyve verdiğini düşünürsek yanılırız. Çünkü onlar bir sene boyunca nice fırtınalara, kışlara göğüs gererler. İnsanın düşünce üretiminde de aynı şey geçerlidir. Başkalarının düşüncelerini tekrar etmek başarı değildir. Başarı, yeni düşünce üretmeye dayalıdır. İnsan ancak böyle kendini geliştirebilir, kendini aşabilir. İşte bu anlamda Mevlana kendini aşmayı öğretiyor insana. İnsanı bilgelik çağına götürürken iç keşif yollarını gösteriyor. Bilgeliğin vizyonunu veriyor. Bunu basit gibi görünen hikâyelerle, öğütlerle yapıyor.

O basit şey şuna benziyor: İyi bir bilgisayar bozulmuş. Kimse bilgisayarı tamir edememiş. Sonunda iyi bir teknisyen bulmuşlar. Adam, bilgisayarla uğraşmış, küçük bir parçayı değiştirdikten sonra bilgisayar çalışmaya başlamış. "Borcumuz ne kadar?" diye sormuşlar. Adam da "Bin dolar elli cent" demiş. Bunun üzerine "Bin doları anladık da bu elli cent ne oluyor?" demişler. Adam, "Elli cent parçanın parası, bin dolar da zekânın parası" diye cevap vermiş. İşte mesele, parçayı ne zaman nerede kullanacağını bilmektedir. Yoksa o parçayı herkes bilir.

İnsanlığın Temel Taşları

Teknisyen o parçayı yerinde kullandığı için bozulmuş bir mekanizmayı düzeltiyor. Taş, yolun ortasında kıymetsizdir ama binanın içinde bütünün bir parçası olarak kıymet kazanıyor. Mevlana'ya duyduğumuz ihtiyaç da insanın bozulan altyapısı noktasında ortaya çıkıyor. Mevlana, insanı insan yapan değer duygularını güçlendiriyor. Değerler insanı insan yapan temel taşlardır. Eğer insanlık bir binaysa şu anda bu binanın temeli sarsılmıştır. Süsü çok iyi, görüntüsü çok iyi ama temeli sarsılmış. Geleceği güven altına almak için sarsılan temeli onarmak zorundayız. Temeli onarmak özel bir beceri gerektiriyor. Mevlana'dan öğrendiklerimiz insanlığın temel değerlerini güçlendiriyor. Kötülük eğilimi doğru yöntemlerle iyi yönde kullanılarak doğruya hizmet eder hâle getirilebilir. İyilik eğilimi de doğru ve iyi yöntemler kullanılmazsa başarısız olabilir.

İyinin başarısız olmasının bir nedeni de hiçbir şey yapmamasıdır. Kötü insanlar kötülük için çalışırken iyi insanlar da iyilik için çalışmalıdır. "Kötülüğe bulaşmadan kendi korunaklı âlemimde yaşayayım" anlayışında bencillikten eser vardır.

Bir köşeye çekilip suya sabuna dokunmamak kötülükten kaçınmak amacını taşıyabilir ama bu tavırdaki kolaycılığı da görmek zorundayız. Bir sahabi, Peygamberimize gidip "Cemiyet hayatı kötü. Şurada bir mağara var, yanında da su var. Ben ailemle orada yaşamak istiyorum" dediğinde Peygamberimiz "Biz dünyaya bunun için gönderilmedik" demiştir. Yani batağa saplanmış, Allah'ı unutmuş o kadar insan varken sadece kendimizi kurtarmak için, üzerimize çamur bulaşmasın diye bencillik etmeye hakkımız yok. İyilik yapmak için riske girmek, kötülükten kaçınmak için riske girmekten daha hayırlı olabilir. Ancak burada sınırı iyi bilmek gerekir. Çünkü kötülüğün mikroplar gibi yayılma istidadı vardır. Temel hijyen kurallarına uyarsak mikropları kendimizden uzak tutabiliriz. Aynı şekilde kötülüğe de karşı koyabiliriz.

Diyelim ki tarlanız ayrık otlarıyla dolmuş. Ayrık otuyla baş etmenin en iyi yolu tarlayı işlemektir. Bırakıp giderseniz tarlayı tamamen ayrık otları basar. Sorumlusu da siz olursunuz. Toplumsal hayat da böyledir. İyi ve güzel şeylerin yayılması için çabalamazsak meydanı kötülere bırakır ve bundan mesul oluruz. İyilerin mutlaka aktif olması gerekiyor. Kötüler doğası gereği zaten aktiftir. Kişinin namaz kılması için kalkıp abdest alması gerekiyor ama kulluk yapmaması için oturması yetiyor. Demek ki iyilik yapmak dinamik bir çaba gerektirir. Kötülükse kendiliğinden de yayılabilir.

Mevlana iyi ve güzel şeylerin yayılması için kendi zamanında büyük bir mücadele vermiş. Bunun için birçok bilgi ve kavram üretmiş.

İnsanı insan yapan büyük hedefleri, amaçlarıdır. Mevlana'nın amacı nedir diye baktığımızda "ilahi aşk" kavramını görüyoruz. O'na ulaşmak için hep arayış içinde olmuş.

Duygusal Zekâ ve Mevlana

Antonio R. Damasio'nun "Descartes'in Yanılgısı" adlı kitabı bilim dünyası için bir dönüm noktasıdır. Bilindiği gibi, Descartes "Düşünüyorum, o hâlde varım" diyerek her şeyin akıldan ibaret olduğunu iddia etmişti. Bu anlayış duyguları bilimsel kategoriden dışlıyordu. Yani bilimadamları "Duygular doğaüstü şeylerdir, bizim ilgi alanımızda değil" diyerek kestirip atmışlardı. 1995 yılında duygular, bilimin menzili içine girdi. Beyinde duygularla ilgili aktif alanlar bulundu ve bu alanlarda Mevlana'nın öğretilerinin yeniden tanımlanması yapıldı. İşte duygusal zekâ denilen şey, bilinçsiz de olsa Mevlana'nın öğretilerinin sistematize edilip metodolojisi oluşturularak bütün dünyaya sunulmasıdır. Duygusal zekâ aslında Mevlana'nın bilimsel karşılığıdır. Mevlana'nın Batı'da bu kadar ilgi görmesinin sebebi, onun söylediklerinin bilim tarafından daha yeni yeni söylenmeye başlamış olmasıdır. Mevlana, duygusal keşif yapmak isteyenler için müthiş bir materyal veriyor. Onu alıp yeni bilimsel verilerle çok rahat anlatabiliriz. İnternet sayesinde bütün dünyada Mevlana'nın tanınmasına vesile olabiliriz.

Duygusal zekâ ile Mevlana arasındaki bağlantılardan biri, özbilinç dediğimiz kendini tanımadır. Ardından özyönetim gelir. Kişi kendini tanıdıktan sonra kendini yönetmeyi öğrenmelidir. Mesela araba kullanmak bir beceridir. Bir kere öğrendikten sonra artık hiç düşünmeden kullanılır. Mevlana bir bakıma hayattaki önemli şeyleri beceri, alışkanlık hâline getiriyor. İnsanı hayat yolundaki trafik levhalarına yönlendiriyor, doğru yolu gösteriyor. Sonra sosyal bilinç gelir. Sosyal bilincin içinde empati vardır. Mevlana Hazretlerinin en büyük kaynağının da Hz. Peygamber (sav) olduğunu görüyoruz. Mevlana O'ndan (sav) aldıklarını çağına sunmuştur. Faydalandığı kaynaklar Kur'an-ı Kerim ve Peygamberimizin sünnetidir.

Haritada nerede olduğunu bilen kişi, gideceği yere karar verebilir. Sosyal bilinçle yaşadığı çevreyi, toplumu tanır ve böylece ilişki yönetimine geçebilir. Mevlana'da duygusal zekânın bu dört aşamasının da (özbilinç, özyönetim, sosyal bilinç, ilişki yönetimi) var olduğunu görüyoruz.

Şimdi Yeni Bir Zekâ Türünden Söz Etmek Lazım: Vicdanî Zekâ

Mevlana'nın büyük bir amacı ve bu amaca ulaşmak için de olağanüstü bir projesinin olduğunu görüyoruz. Büyük amacı ve olağanüstü projesinin olması; onun diğer insanlara nazaran düşüncenin sınırlarını aştığını, zihinsel kısıtlamaları kırdığını, bilinç ve algılama alanlarında geniş değişiklikler yaptığını gösterir. Bu değişikliklerin biyolojik karşılıkları vardır. Bunların ne olduğunu iyi anlamak gerekiyor. Bu karşılıkları tanımlamak için son yıllarda pozitif psikoloji çalışmaları yapılıyor. Yapılan çalışmalar neticesinde insan beynindeki beş alanda geliştirilebilir beceriler kümesi ortaya çıktı. Tespit edilen beceri kümeleri "zekâ alanları" olarak da tanımlanıyor.

Mantıksal Zekâ

Yüz sene önce, IQ olarak bilinen ilk zekâ tanımlaması yapılmıştı. Bu zekâ tanımlaması yani "mantıksal zekâ", tek zekâ alanı olarak görülüyor, bunun geliştirilemez olduğu düşünülüyordu. Bir insanın genlerinde boyunun 1.80 m olacağı yazılıysa, o kişinin 1.80'e çıkması belli koşullara bağlıdır. İyi beslenmezse, sağlığına dikkat etmezse 1.60 m civarında da kalabilir. Mantıksal zekâ da bu çerçevede geliştirilebilir. Mesela mantıksal zekâyı ölçmek için kullanılan testlerde bazı kavramlar vardır. Bu, insanın hayatına idealist olma veya stratejik düşünme, kalıpların dışında düşünme, geleceği planlama, kendisine inanma şeklinde yansıyor. Akıl yürütme becerilerini doğru biçimde kullanmak, mantıksal zekâsı yüksek kişilerin özelliğidir. Kâr-zarar analizini iyi yapabilen bu kişiler aynı zamanda hesaplama, sözcük öğrenme, yeni düşünce üretme gibi sözel konularda da daha başarılı oluyorlar.

Mantıksal Zekâ Değerleri

- ✓ İdealist olmak, hayal kurabilmek
- ✓ Düşünce üretmek
- ✓ Geleceği tahmin etmek
- ✓ Beklenti oluşturmak
- ✓ Stratejik düşünmek
- ✓ Kalıpların dışında düşünmek
- ✓ Geleceği planlamak
- ✓ Kendisine inanmak ve güvenmek

Duygusal Zekâ

"Duygusal zekâ" değerleri yüksek olan kişiler ise duygularla ilgili kararları daha sağlıklı verirler. Mantıksal zekâda idealist olmak önemliyken duygusal zekâda aktivist olmak önemlidir. Mantıksal zekâ, doğru düşünceyi görme ve düşünsel alanda ileri olma; duygusal zekâ ise bunu harekete geçirebilme kapasitesidir. Duygusal zekâ karşılaştığımız zorluklara direnmemizi sağlar. Kişinin hayalleri, idealleri vardır ama bunu eyleme dönüştüremez. İşte burada devreye duygusal zekâ girerse, söz konusu kişi idealleri eyleme dönüştürebilir. Yani zor durumlarda manevi yapısını ayakta tutabilir. Böylelikle her şartta meyve veren ağaç pozisyonuna yükselebilir. Duygusal zekâsı yüksek olan kişilerin temel özelliklerinden bazıları ümitli olmak, iyimserlik, cesaret, empati ve sinerji oluşturmaktır. Bu kişiler, iç motivasyonları yüksek olduğu gibi dış motivasyonları da çok iyi kullanırlar. İnsanlara inanmayı ve güvenmeyi başarırlar. Mizah ve eğlenceyi kullanırlar, estetik zevkleri vardır. Olumlu yönleri daha çok görürler. Özgüvenleri vardır. Bu özelliklerinden dolayı ilgilerini eyleme dönüştürürler. Yaşanan her tecrübeyi bir kazanç olarak birikimlerine katarlar.

Öyle insanlar var ki beş dil biliyor, o dilleri anadili gibi konuşuyorlar. Fakat ancak emekli maaşı kadar bir maaşa çalışıyorlar. Sahip oldukları yetenekleri, çeşitliliği hiç kullanamamışlar. İstediği zaman bir dili rahatlıkla öğrenebiliyor ama örneğin gidip de bir turizm rehberliği yapamıyor, eyleme geçemiyor. Çünkü bütünü göremiyor, sadece bir alanda çok iyi oluyor. Mesele, zekâ alanlarının hepsini geliştirebilmek ve kullanabilmektir.

Duygusal Zekâ Değerleri

- ✓ Aktivist olmak
- ✓ Ümitlilik
- ✓ İyimserlik
- ✓ Cesaret
- ✓ Empati
- ✓ Kucaklayıcılık, sinerji oluşturuculuk
- ✓ İç ve dış motivasyon
- ✓ İnsanlara inanmak ve güvenmek
- ✓ Mizaha yatkın ve eğlenceli olmak
- ✓ Estetik değerlere sahip olmak

- ✓ Tutkulu projeye sahip olmak
- ✓ Olumluyu görmek
- ✓ Özgüven sahibi olmak

Bedensel Zekâ

Bir diğer zekâ türü de "bedensel zekâ"dır. Bu zekâ türünün insan hayatındaki karşılığı disiplindir. Bunun sayesinde kişi iç-disiplin kurabilir. Bu kişiler zaman yönetimini iyi yapabilirler, bir zorlukla karşılaştıklarında geri dönmez, planlarını gerçekleştirirler. Aynı zamanda realist oldukları için gerçekleri de görebilirler.

İdealist kişiler, gerçekçilik özellikleri yoksa hemen pes edebilirler. Aktivist değillerse kendilerini harekete geçiremezler. Bir insan idealist ve aktivist olduğu hâlde realist değilse hayal dünyasında yaşayıp duvara toslayabilir. Realist olanlar, gerçekleri de test ediyor, hedefe kilitlenebiliyor, çeldiricilere ket vurabiliyor ve risk alabiliyorlar. İşlerini iyi takip ediyor ve fedakârca davranabiliyorlar, kararlı oluyorlar. Bunlar, bedensel zekânın verdiği disiplin değerleridir.

Bedensel Zekâ Değerleri

- ✓ İç disiplin
- ✓ Realist olmak
- ✓ Hedefe kilitlenmek
- ✓ Çeldiricilere ket vurmak
- ✓ Risk alabilmek
- ✓ Adanmışlık
- ✓ Takipçilik
- ✓ Fedakârlık
- ✓ Kararlılık

Sosyal Zekâ

Bir de "sosyal zekâ" vardır. Sosyal zekâya sahip kişiler insanlar arasında ilişki yönetimini iyi yaparlar. Sosyal ortamlara daha rahat adapte olurlar. Bu kişiler bir orkestra şefi gibidirler, liderlik özellikleri gelişmiştir. Yine bu kişilerin empati yetenekleri de gelişkindir. Sosyal ortamlarda daha az hata yaparlar. Kriz yönetimlerinde daha başarılıdırlar. Kendilerini de karşı tarafı da iyi tanır ve sağlıklı ilişki kurabilirler. Çok parçalı yapbozları iyi tamamlayabilirler. Önyargıları, algıyla olgu arasındaki farkı daha iyi görebilirler. Bu zekâ türü gelişmiş olan insanlar, şefkatli ve kucaklayıcıdırlar. İşbirliğine açık ve güven vericidirler. Risk değerlendirmesi yapabilirler. Aktif bir dinleyicidirler. Çözüm odaklı kararlar verebilirler. Başkalarının duygu ve ihtiyaçlarını dikkate alırlar.

Sosyal Zekâ (Sosyal Bilinç) Değerleri

- ✓ Şefkatli, kucaklayıcı olmak
- ✓ İşbirliğine açık olmak
- ✓ Güven verici olmak
- ✓ Risk değerlendirmesi yapmak
- ✓ Kriz yönetimi yapmak
- ✓ Aktif dinleyici olmak
- ✓ Çözüm odaklı karar verebilmek
- ✓ Başkalarının duygu ihtiyaç ve haklarını dikkate almak
- ✓ Aile bağlarını güçlendirmek

Bizim Mevlana ile ilgili olarak üzerinde duracağımız en önemli zekâ türü "vicdanî zekâ"dır. Buna "ruhsal (spiritüel) zekâ" da denebilir.

Nedir Bu Vicdanî Zekâ?

Bu zekâ türünü isimlendirirken "ruhsal" kelimesinin yerine vicdanî denilmesi daha doğru olur kanaatindeyim. Vicdanî zekâ bir bakıma kişinin iç sesini dinleyebilmesi, iç ve dış sorumluluklarının farkına varabilmesidir. İçimizde neyin doğru neyin yanlış olduğunu söyleyen bir ses vardır. O yüzden vicdanî zekâsı yüksek kişiler yaptıkları her işte hesap verebilirliği düşünürler. Yani sadece çıkarlarını düşünmek yerine Yaratıcı'ya karşı da sorumluluk hissederler. O yüzden etik değerlere sahip olurlar. Bu kişiler her hâlükârda ilkelidirler, dürüsttürler. Bir söz vardır; "İyi insan olmanın annesi tevazu, babası cesarettir" diye. Bu kişiler, doğrular için riske girebilirler. Kişisel olarak mütevazı oldukları hâlde, iddialarını da taşıyabilirler. Aynı zamanda bunu egolarını şişirmeden yapabilirler. Egonun öne çıkmaması, değerleri öncelemenin bir başka işaretidir. Bu tip kişiler kendi egoları namına değil ilkeleri adına hareket ederler. İlkeleri için ciddi riskler alabilirler. Bu kişilere baktığınızda kişisel olarak son derece mütevazı olduklarını görürsünüz, yaptıkları işlere baktığınızdaysa normal insanların cesaret edemeyeceği işler ve başarılı neticelerle karşı karşıya kalırsınız.

Bu kişiler bilgece konuşan, sözlerinde bir hikmet olan kişilerdir. Karar verirken ahlaki akıl yürütmeyi çok iyi kullanırlar. İnsanların dürüst, ilkeli ve iyi niyetli olmasını önemserler. Bu tip insanlar kendilerini Yaratıcı'ya karşı sorumlu hissettiklerinden reaktif değil, proaktiflerdir. Hayatın kontrolünün Allah'ta olduğunu bildiklerinden kendi sınırlarının farkındadırlar. Bu dünyada misafir olduklarını, burada kiracı olduklarını unutmazlar. Bu dünyada kendilerine verilen hayatın karşılığı olarak "iyi insan" olmak gerektiğine inanırlar. "İyi insan olmazsam bu dünyanın hakkını veremem. Öldükten sonra cennet verilirse bile bu Allah'ın fazlındandır" diye düşünürler.

Böyle düşündüklerinden başarıyı sahiplenmezler. Ama onun değerini de düşürmezler. Onlar için hem suret hem de sîret önemlidir. Kişilik, karakter gibi özellikleri dikkate alırlar. Makam, güç, şöhret, para ve güzellik gibi kavramları etik şekilde kullanmaya önem verirler.

Vicdanî Zekâ Değerleri

- ✓ İç sesi dinleyebilmek
- ✓ İç-dış sorumluluk
- ✓ Hesap verebilirlik
- ✓ Yaratıcı güce karşı sorumluluk
- ✓ Etik değerlere sahip olmak
- ✓ Ahlaki akıl yürütmeyi kullanmak
- ✓ Bilgelik
- ✓ Alçak gönüllülük
- ✓ Dürüstlük ve ilkelilik

Sorularla Küçük Bir Vicdanî Zekâ Yoklaması

"Doğru mu gücü getirir, yoksa güç mü doğruyu?" diye bir soru sorulduğu zaman etik olmayan güç sahipleri, "Güç doğruyu getirir" diye cevap verirler, "Güçlü olan haklıdır" anlayışına sahiptirler. Ahlaki duyarlılıkları gelişmiş olanlar ise "Doğrunun kendisi bizatihi güçlüdür" derler. Onlara göre, doğru, gücü getirir. Etik değerlere sahip, vicdanî zekâsı yüksek bir kişiye "Hata nedir?" diye sorsak, "Yanlış yapmaktır" der. Ama etik değeri olmayan bir kimse için "hata, yakalanmak"tır. Ona göre, yakalanmıyorsan hata yoktur. Bu Makyavelist yaklaşımın bir tezahürüdür.

"Sadık olmak nedir?" sorusunun cevabı, etik değerleri gelişmemiş kişiler için "Bir şeye bağlı olmak, sadık olmak, dürüst olmaktan daha iyidir" şeklindedir. Diyelim ki bir lidere bağlısınız, o zaman onun için yalan söyleyebilirsiniz. Çünkü ona göre bağlılık dürüstlükten, adaletten daha önemlidir. O, sadakat için kafasındaki bir doğruyu değiştirebilir.

Bunun bir örneğine şahit olmuştum. Ünlü bir iş adamı, karısı, arkadaşı ve onun eşiyle beraber pastanede oturmuş sohbet ediyorlar. O sırada aralarında bir tartışma çıkıyor. Tartışma büyüyor ve mahkemelik oluyorlar. Kavgayı başlatan iş adamı da karşı taraf da fazla tepki veriyor, ikisinin de hatası var ama bu adam kendini temize çıkarmak için eşini mahkemede şahit gösteriyor. Eşi "Ben doğru olmayan bir şey söyleyemem, şurada senin hatan vardı" diyor. Kadın, eşine "Yanlışlarını savunmam" dediği için adam ondan boşanmaya kalkmıştı. İşte burada adam, "Sadık olmak, dürüst olmaktan daha önemlidir" diyen, ahlaki zekâya sahip olmayan kişilerdeki yaklaşımı sergilemişti. Vicdanî zekâsı düşük kişiler idare-i maslahat yaparlar. Yani her masada farklı konuşur, vaziyeti idare ederler.

Ama vicdanî zekâsı yüksek olan kişiler kararlı direniş gösterirler. Herhangi bir şey olduğu zaman "Yalnız bu kadar yapabilirim" derler.

Bir malın veya değerin paylaşımı söz konusu olduğunda etik değerleri olmayanlar karşı tarafa verilen pay için "Sana yeter de artar bile" derken etik değerleri olanlar hakça paylaşımdan yana tavır koyarlar. Karşıdaki kişiyi değersizleştirmeden "Hak adına, senin hakkın bu olduğu için böyle yapıyorum" derler.

Yaptıkları işler hakkında bir inceleme olduğunda, etik olmayan kişiler hemen savunmaya geçerler. Etik değeri olanlar ise önce sorar, öneride bulunur, eksiklerini kabul eder ve kendilerini geliştirme yönünde adım atarlar.

Vicdanî zekâsı yüksek kişilerin hayatına baktığımız zaman bu tip ilkeleri hayata geçirdiklerini görürüz. Aceleci değildirler, sebatları yüksektir. Sonucu düşünmeden hareket etmezler. Başlangıçta sıkıntı çekseler de sonuçta kazanırlar. Başarılıdırlar. Hayatlarındaki en önemli motivasyon, iç motivasyondur. Gayretleri vardır ve kendilerini harekete geçirebilirler. Başkaları "yap" dediği için değil, doğru olduğu için ve zamanında yaparlar. Kendi içsel gerekçeleriyle harekete geçtikleri için hayatlarında tembellik yoktur. Olaylara iyimser bir pencereden bakmaya çalışırlar. Kendileri dışındaki varlıkların da farkındadırlar.

Vicdanî Zekâ ve Ruh Dünyası

Vicdanî zekâ sahiplerinin hayatlarında iyimserlik esastır, güvensizlik istisnadır. Hem pozitif hem negatif durumları aynı anda görür ve ümitsizliğe düşmezler. Kendilerini kurbanlık, kölelik hissine kaptırmazlar. Zindanda bile mutlu olabilirler. Onlar için sahip oldukları şeylerin kıymetini bilmek, küçük şeylerden zevk alabilmek önemlidir. İçtenlik ve samimiyet vicdanî zekâsı yüksek kişiler için ön plandadır. İçtenlikleri ikna güçlerini artırır. Daha çok dost ve arkadaş sahibi olurlar. Kolay kabul gördükleri için kolay kolay yalnız kalmazlar. İkiyüzlülük bu kişilerin en nefret ettiği özelliktir. Hatta törensel kibarlıktan bile rahatsız olurlar. İyilikseverlik ve yardımseverlikten, cömertlikten zevk alırlar. Bu özellikleri sebebiyle güven kazanır ve sevilirler. Yanlarındaki insanlara huzur verirler. İlkelerine sıkı sıkıya bağlı oldukları için bazen kısa vadede yanlış tanınsalar da zaman içinde, bazen de öldükten sonra kıymetleri anlaşılır. Mevlana da en çok ölümünden sonra anlaşılmıştır. Eserlerini oğlu Sultan Veled toplamıştır.

Bilgelik zekâsı yüksek kişilerin yaptıkları devrimsel işler vefatlarından sonra ortaya çıkar. Mesela sırık, fasulye mevsiminde iki metre olur, en gösterişli bitkidir ama mevsim sonunda biter. Bir çam ise yavaş yavaş büyür ve ihtişamı onlarca sene sonra ortaya çıkar. Ceviz ağacı uzun süre sonra meyve vermeye başlar ama uzun ömürlüdür. Bilge kişiler de böyle uzun ömürlü, kalıcı işler yapan insanlardır.

2009 yılında 54 bin kişi üzerinde yapılan bir araştırmada güvenilirlikle ilgili yedi değer tespit edilmiş. 54 bin çalışanın bir liderde aradığı ilk özellik dürüstlük olarak tespit edilmiş. İkinci özellik insan odaklı olmak, üçüncüsü iletişime açık olmak, dördüncüsü vizyon sahibi olmak, beşinci özellik işinde ihtimamlı davranmak, altıncı özellik motive edicilik ve yedinci özellik de cesaret olarak sıralanmış. Bu özelliklerin hepsinin vicdanî zekânın bileşenleri olduğunu görebiliriz. Bunlar aynı zamanda sonradan kazanılabilen değerlerdir.

İş hayatında kişinin kendini başarılı kimselerle kıyaslaması yanlış bir tekniktir. Doğru olan, insanın kendine koyduğu hedefle o anki durumunu kıyaslamasıdır. Başarı anlık bir şey değil toplam ya da sonuçtur. Kıskanç bir insan başarılı birini gördüğünde o anda dikkatini çeken anlık başarıyı görür ve kendisinde eksiklik hisseder. Doğru düşünen insan ise anlık başarıyı değil, toplam başarıyı görür. "Hayatımın sonunda şunları yapmış olursam başarıya ulaşabilirim" diye düşünür. Bu düşünceleri, kendisini harekete geçirmek için vesile yapabilir. "Hayatımın ilerleyen döneminde şu başarıyı elde etmeliyim" diyerek bir motivasyon tekniği oluşturabilir. Böylece başarılı birini gördüğünde içinde filizlenen kıskançlık duygusu kendisine de başkasına da zarar vermeyecek bir alana akıtılmış olur.

Vicdanî zekânın en önemli faydası iç huzurudur. Mantıksal zekâsı yüksek olan bir kişinin vizyonu vardır, parmakla gösteriliyordur, başarılıdır. Ama acaba mutlu mudur? Napolyon "Hayatta mutlu olduğum gün, altı günü geçmemiştir" diyor. Hırs var, yetenek var, çalışma var fakat bilgelik özellikleri yok. Neticede mutlu olamıyor.

Vicdanî zekâ insana dinginlik verir. Duygusal zekâsı olan kişiler karizmatik bir lider olabilir, kitleleri harekete geçirebilir, zaferler elde edebilirler. Ama tek başına duygusal zekâ saman alevi gibi geçer gider. Sosyal zekâsı çok yüksek ama bilgelik zekâsından pay almamış biri, çok iyi bir pazarlamacı, mükemmel bir halkla ilişkiler uzmanı olabilir ama uzun vadede yalnız kalır. Çünkü güvenilirliği düşük olur. "Vitrin dolu ama gönüller boş" dedikleri gibi, bu kişilerin yakınlarıyla da ilişkileri kötüdür. Her ne kadar ilk tanıştıklarında karşılarındaki kişide çok iyi bir izlenim bıraksalar da birinci dereceden yakınlarla bile kaliteli, mutlu bir ilişki kuramazlar. Çünkü ilişkileri sürdürebilecek yeteneklerden yoksundurlar. Sürdürülebilir ilişkiler için bu beş zekâ türünün hepsinin aynı anda belli bir denge içinde olması gerekir. Yani insan "Sevilen bir kişi olmak istiyorum" diyorsa vicdanî zekâsını geliştirmelidir.

Hayvanlar âleminde görülen onca fiziksel farklılığa rağmen ruhsal program olarak özellikleri sabittir. İnsanlar ise görünüşte aşağı yukarı aynı olsalar da ruhsal olarak büyük bir kapasiteye sahiptirler ve bu kapasitenin kullanımı kişiden kişiyi ciddi bir farklılık gösterir. Einstein, sadece eğlenceyi merkeze alarak, "vur patlasın çal oynasın" diyerek yaşayan bir insanı gördüğünde "Bu insanda kocaman beyne ne gerek vardı, omurilik yeterdi" demiştir. Bu koca beyin insana verilmişse onun görevi sadece temel ihtiyaçları gidermek değil, soyut düşünce üretmek, felsefe yapmak, hayatı ve varoluşu sorgulamaktır. Yaratıcımız bizlerle olay diliyle konuşuyor. Bu dili de ancak "Yaratıcının buradaki mesajı nedir?" diye düşünen insan anlayabilir. Bir örnek vardır: Fransa'da bir şehri sel basmış. İnsanlar kilisenin çatısına kaçmışlar. Papaz ise "Allah gelsin, beni kurtarsın" diyor. Birisi yardıma geliyor, papaz ona "Allah beni kurtaracak" diyor. Ardından helikopter geliyor ama onu da kabul etmiyor. Papaz öbür dünyaya gittiğinde ise "Ey Allah'ım ben sana o kadar dua ettim, sen beni kurtarmadın" diyor. Bunun üzerine Allah "Ahmak kulum; ben sana adam gönderdim, gelmedin; kayık gönderdim, binmedin; helikopter gönderdim, binmedin. Daha ne yapayım?" diyor. Olay dili buna benzerdir. Yaşadığımız her şeye dikkatle bakıp onun vesilesiyle gönderilen manayı bulmaya çalışmak...

Bir olay yaşadığımızda "Acaba bu Allah'ın bir mesajı mıdır?" diye düşünmemiz gerekir. Allah bu dünyada insanlarla sebepler vasıtasıyla iletişim kuruyor. Mucizeler peygamberlere özgüdür ama Yaratıcı'nın bize de hitap edişinin sayısız yolu var. Allah dünyada *Hakîm* ismiyle tecelli ediyor ve bu isim sebeplerin varlığını gerektiriyor. Eğer sen sebeplere riayet etmiyorsan Allah'ın sıfatlarını yanlış biliyorsun demektir. Allah çalışmadan vermiyor. Güzel şeylerin hep çileyle elde edildiğini görüyoruz. Koyulmuş psikoloji yasaları var; işte bunlar Allah'ın yasaları. Onlara uygun davranabilmek insanın özgür iradesini engellemiyor. İnsanın sorumluluğunu da ortadan kaldırmıyor.

İnsanoğlu hakikati kavramaya çalışırken dört yol kullanır. İlki bilim; deney, gözlem gibi beş duyunun algıladığı bilgilerdir. Bu bilgi kaynağı hakikati bulmada yeterli olmamıştır. İkincisi akıl yürütme yöntemleridir. Beş duyuyla algılayamadığımız bazı durumları akıl yürütme ile algılarız. Misal; duman çıkan bir yerde ateş de olduğunu düşünmemiz gibi. Bunu da kullanıp hakikate hâlâ ulaşamadıysak iç sese, sezgilere sıra gelir. İşte burada vicdanî zekâ ön plana çıkar. Vicdanî zekâsı yüksek olan kişiler iç seslerini dinlerler. Böylece kimsenin göremediği, duyamadığı şeyleri keşfederler.

Peki içimizden gelen sese ne dereceye kadar güvenebiliriz? Sınava giren bir kişi cevabını bilmediği bir soruya iç sesini dinleyerek cevap verebilir mi?

İç sesin de bir altyapısının olması gerekir. Mesela karpuz alırken herhangi birimizin iç sesini dinleyerek doğru seçim yapma ihtimali %50'dir. Ama işi karpuzla ilgili olan bir kişi "Bu karpuz iyidir" diyorsa, o karpuz %90 iyidir. "Nasıl yapabiliyorsun bunu?" diye sorduğunuzda size net bir cevap veremez ancak belki daha önce elinden beş bin tane karpuz geçmiştir. O işi yapa yapa öyle bir beceri kazanmıştır ki artık sezgisel olarak hangisinin iyi olduğunu anlayabilir. Hekimlikte de buna benzer bir "klinik sezgi" vardır. Doktor, hastayı gördüğü gibi onda ne tür bir hastalık olduğunu anlayabilir. İşte bu, bilgelik sonucunda gelişen bir yetenektir. Belli bir birikim gerektirir.

Hani bir fıkra vardır: Adamın biri papağan dükkânına girmiş, fiyatlara bakıyor. Beş dil bilen bir papağan 10 bin dolar, üç dil bilen 7 bin dolar, bir dil bilen bin dolar şeklinde fiyatlandırılmış. Bir tanesinin önüne gelince duraklıyor. Adam hiçbir özelliği olmadığı hâlde 15 bin dolar fiyat biçilen papağanın özelliğini satıcıya sorma ihtiyacı hissediyor. Satıcı da "Vallahi özelliğini ben de bilmiyorum ama diğerleri ona üstadım, hocam diye hitap ediyorlar da ondan" diye cevap veriyor.

Daha önceden sıraladığımız üç yol (bilim, akıl yürütme, sezgi) da hakikate götürmüyorsa sonuncu ve dördüncü yol kişinin inançlarıdır. Kişi hayatta hiçbir şeyi eksiksiz olarak algılayamaz, muhakkak eksikleri vardır. O eksikleri beş duyu ile algılayamıyorsa akıl yürütmeyle, onunla da algılayamamışsa sezgiyle, onunla da algılayamamışsa inançlarıyla tamamlar. Çünkü beyin tanımlanamayan bir bilgiyi kabul etmez. Kişinin bilgiyi beynine kabul ettirebilmesi için öğrendiği şeyi mantıksal bir çerçeveye oturtması gerekir. Yoksa bilgiyi kaydetme sistemi çalışmaz.

Bir insanın iyi ve güzel özellikler kazanması için önce bu özelliklere ihtiyaç duyması gerekir. Kişi eğer ihtiyaç duyarsa bir şekilde onu elde etmenin yolunu bulur. Kişiliğimizi iyiye güzele yöneltmek için okuduğumuz kitaplar sadece o hazinenin anahtarlarını verir. Ama hazineyi arayıp bulmak bizim görevimizdir. Emek vereceğiz, dalmak için dalgıç kıyafetlerini giyeceğiz, çile çekeceğiz. Zaten kolay elde edilen şeyler kalıcı olmuyor.

Mevlana ve Halk Terapisi

Psikoterapide "halk terapisi" denilen bir teknik vardır. Bu terapide kişiye hikâyeler verilir ve hikâyeler üzerinden o kişinin zihinsel dönüşümü sağlanmaya çalışılır. Bir bakıma hikâyelerin pedagojik anlamları üzerinde durulur. Hikâyeler kullanılarak yapılan psikoterapi yöntemine "bibliyoterapi" deniyor. Bu yöntem psikologların kullandığı ve bilimsel olarak tavsiye edilen bir yöntemdir.

Mesnevî'nin bazı ciltlerinde "Ruhlara şifadır, sevgilileri sevdiğine, hastaları çaresine kavuşturur" gibi ibareler mevcuttur. Yani *Mesnevi* aslında insanlardaki içsel onarımı sağlamak amacıyla kullanılabilir. *Mesnevi*'de anlatılan hikâyelerin çeşitli işlevleri vardır: Birincisi ayna görevi görmesidir. Yani kişi hikâyeyi okuduğu zaman bir farkındalık kazanmış oluyor. Kendi ruhsal profili ve psikolojik durumuyla ilgili bir yansıma görüyor. Böylece hikâye, kendini tanıma noktasında bir ayna işlevi görüyor. İkinci olarak da hikâyelerin model fonksiyonu var. Hikâyeler üzerinden sembolik ve kavramsal düşünceyle ve sosyal normlarla ilgili bir bakış açısı ortaya konuyor. Böylece insanî gelişime katkı sağlanıyor. Bir de bu anlatıların "geleneği taşıma" noktasında katkıları var. Yani bazı değerleri, kültürel birikimi geçmiş kuşaklardan yeni kuşaklara aktarma görevini de ifa ediyorlar. Bütün bunların ışığında Mevlana'nın üzerinde en çok durulması gereken özelliği halk psikoterapisti gibi işlev görmesidir.

Mevlana'nın eserleri sadece bir sanat eseri değil. O toplumsal düzeyde göz ardı edilemez bir dönüşümün mimarı. Aynı zamanda Mevlana'nın hikâyelerinin tedavi açısından çok özel bir yeri var. Peki, bunu nasıl yapıyor? Korku ve kaygı giderici öyküler anlatıyor. Özgüven artırıcı örneklere yer veriyor. Önyargıları ortadan kaldıran hikâyeler sunuyor. Yanlış düşünceleri düzelten, alternatif düşünmeyi öğreten hikâyeleri var. Kişiye yeni bir tutum sergilemeyi öğreten örnekler kullanıyor. Toplumda var olan kıssadan hisse anlayışını bir halk terapisi gibi kullanıyor.

Öykülerde metaforik düşüncenin kullanılması, modern psikoterapinin uyguladığı yöntemlerden biridir. Kişi, bu metaforları kullanarak analoji yapar. Yani kendi yaptıklarıyla metaforu kıyas ederek bir değişim sağlaması, sorununu aşması beklenir. Mevlana'nın eserlerine baktığımızda da metaforları analoji yaparak kullanmış olduğunu görüyoruz. Bunları kullanarak tedaviye dönük değişimi sağlamış oluyor. İnsanlara yeni düşünme yolları öğretiyor.

Bir insan sadakatsizliğe maruz kaldı diyelim. Bu durumda verilen ilkel tepki şiddettir ama tepki kişiden kişiye çeşitlenir. Bazı insanlar içlerine kapanır, bazıları doktora gider, bazılarıysa intikam alacağım diye intihar etmeye kalkışır. Aslında çözüme ulaşabilmek için önce o olay hakkında konuşabilmek gerekir. Mevlana'ya baktığımızda onun bizlere konuşabilmeyi ve tartışabilmeyi öğrettiğini görüyoruz.

Bibliyoterapide bir hikâye üzerinde analiz ve çıkarım yapılır ve elde edilen çıkarımla sorun oluşturan konu derinlemesine incelenir. Kişinin çözüm sürecinin içinde olması, çıkarımlarda bulunabilmesi ona tartışarak sorunlarını çözmeyi öğretir. Travma böyle çözülür. O hâlde Mevlana'nın anlattığı hikâyelerin travma çözücü etkisi de var.

Nasıl ki bir su damlası sürekli damladığında mermeri oyabiliyorsa, insan da sürekli aynı şeyleri düşündüğünde zihinsel yapısında bir zayıflama meydana gelir. Beyindeki ağsal yapıda bozulmalar ortaya çıkar. Mevlana'nın böylesi tekrarlayan düşüncelerden de uzaklaştırıcı etkisi var. Çünkü Mevlana hikâyelerle öğrenmede sağ beyni ön plana çıkarıyor. Sağ beynin öğrenmesinde müzik, resim gibi sanat alanları, sezgisel öğrenme gibi olgular devreye girer. Yani duygu ile öğrenme gerçekleşir. Bir şeyi sadece sol beyinle öğrenmeye çalışırsanız, sadece ezber yapmış olursunuz. Ama hem sağ beyin hem de sol beyin bir arada işletilirse eğlenceli ve disiplinli bir öğrenme gerçekleşmiş olur. Mevlana'nın hikâyeler aracılığıyla öğrenmede sağ beyni aktif hâle getirmesi öğrenmeyi kalıcılaştırıyor.

Hayatımızın içinde bulunduğu resmin bütününü görmemizi sağlıyor. Buna da literatürde "altı boyutlu düşünce" deniyor. Altı boyuttan ön-arka, sağ-sol ve aşağı-yukarı kastediliyor. Yani insan bir şeyi analiz ederken onu gelecek-geçmiş, tehditler-fırsatlar ve güçlü yönler-zayıf yönler bakımından ele alıyor. Kısacası, Mevlana'nın bibliyoterapi tekniğini hayata geçirmiş olduğunu görüyoruz.

Onun aynı zamanda sosyal normları pekiştirdiğini söylemiştik; sadece pekiştirmiyor, güncelliyor da. Verdiği cevaplar zamana göre yorumlanıp güncellenebiliyor. Bizim yapmaya çalıştığımız da aslında bir bakıma bu güncellemeye katkıda bulunmak.

Halk psikoterapisi zor bir iştir. Yeri gelir, insanın hayatı boyunca kullandığı düşünceleri değiştirmek gerekir. Bazı insanlar yenilikten, değişimden ölesiye korkarlar. Özellikle belli bir yaştan sonra değişmek daha da zorlaşır. Mevlana adım adım giderek kişiyi önce korkusuyla yüzleştiriyor, sonra onunla baş etmesini sağlıyor.

Mevlana'nın öyküleri çoğu kez "ben dili"yle anlattığını görüyoruz. Eğer bir kişiye "sen" diye cephe hücumu yapılırsa o kişi de aynı yoğunlukta karşı cephe savunmasına girişir. Böylece ego savaşları başlar. Mevlana'da bunun olmadığını görüyoruz. Hiç kimseyi tam olarak iyi ya da tam olarak kötü diye nitelendirmiyor. İnsana iyi sıfatlarıyla kötü sıfatlarını ayırarak yaklaşıyor.

Mevlana'nın üzerinden bu kadar zaman geçmesine rağmen inandırıcılığını yitirmemesinin bir nedeni de anlattıklarını kendi hayatına uygulamış olması. Bunun İmam-ı Azam'ın hayatında geçen bir örneği de vardır: Bir gün İmam-ı Azam'a (ra), bir çocuk getirilir. Babası çocuğunun çok bal yediği için her tarafının yara içerisinde kaldığını, şifanın Allah'tan (cc) olduğunu söyler ve İmam-ı Azam'dan çocuğu okumasını rica eder. İmam-ı Azam (ra) çocuğun babasına dönerek, 40 gün sonra gelmelerini söyler. Baba çaresiz geriye döner ve tam 40 gün sonra büyük imama gelir. İmam-ı Azam çocuğa dönerek başını okşar: "Bir daha bal yeme evladım" der, çocuk da "Olur amca, yemem" der. Çocuğun babası şaşkın, İmam-ı Azam'a "40 gün evvel bu dediklerini deseydin ya" der. Ebu Hanife hazretleri bunun üzerine, "40 gün evvel ben bal yemiştim, eğer o gün deseydim sözümü dinlemez, bal yemeye devam ederdi. Ben tam 40 gün bal yemedim, biiznillah çocuğun bir daha bal yemeyecek ve vücudundaki yaralar kapanacak" der. Gerçekten de çocuk bir daha bal yemez ve yaraları kapanır.

Mevlana da aynen böyle anlattıklarının bilgeliğini yaşamıştır. Bilgi sahibi ve bilge olan kişi ilmi önce kendisine uygular. Bu noktada, âlim-bilge-arif kişi özelliklerini de iyi bilmek gerekir. Âlim kişi ilim sahibidir ve ilmini başkalarına anlatır. Heykeltıraş mermere, marangoz ahşaba şekil verir, âlim kişi de diğer insanlara. Bilge kişi ise öncelikle kendine şekil verir. Arif olan insansa hem kendine hem de başkalarına şekil verir.

Mevlana'ya bakacak olursak, onun bilgeliği de aşarak ariflik makamına yükseldiğini görürüz. Onun bilgeliği "Halk içinde Hakk ile beraber olmak" tarzındaki bilgeliktir. Bu daha kalıcı olan bilgelik türüdür. Asırlara damga vurmasının sebeplerinden biri de budur.

Mevlana'nın 'Mutluluk Bilimi'ne Katkısı

Bu kitapta okuduğunuz öğretilerle mutluluk bilimi olarak da adlandırılan Pozitif Psikoloji biliminin öğretilerinin ne kadar birbirine benzediğini hayretle görüyoruz.

Küçük bir ülke varmış. Burada yaşayan insanların sakin ve huzurlu bir hayatları varmış fakat bilim, sanayi, askerlik ve güvenlik konuları ile hiç ilgilenmiyorlarmış. Soranlara "Biz mutluyuz ya, yeter" diyorlarmış. Bir gün güçlü bir düşmanın ülkeyi yakıp yıkmaya geldiği haberini almışlar.

Panik içinde gidip ülkenin bilgesine sormuşlar; "Ne yapalım?" Bilge cevap vermiş: "Okul açın." "Okul işe yaramaz" diyerek itiraz etmişler. Bilge kişi bu defa şöyle cevap vermiş: "Şu anda onlara direnemeyiz ama gelecek sefere hazır oluruz."

İpsos Araştırma Şirketi'nin dünya çapında yaptığı 'Dünyanın Mutluluk Tablosu' çalışması sonuçlarına göre ilk sırada "Çok mutluyum" diyen ülkeler oranı sıralanıyor.

Birinci, %53 Endonezya

İkinci, %43 Meksika, Hindistan

Üçüncü, %30 Türkiye, Brezilya

Dördüncü, %28 ABD, Avustralya

Beşinci, %27 Kanada (12.02.2012, Habertürk Gazetesi)

'Mutluluk Bilimi' insan psikolojisi ile uğraşanların son yıllarda çok kafa yordukları önemli konulardan biri oldu. Çünkü modern yaşam, hayatı kolaylaştıran birçok kazanımlarına rağmen insanoğlunun mutluluğunu artıramıyor.

Kapitalizm önce hasta ediyor sonra tedavi etmeye mi çalışıyor?

Psikiyatrik hastalıklarda beyin fonksiyonları ölçülmeye başladıktan sonra felsefe ile tıp arasında köprü kurulabilir oldu. Aşağıdaki tabloda göreceğiniz gibi, insanın ruh halindeki değişimlerin biyolojik kanıtları artık ölçülebiliyor. Depresyon gibi hastalıkların tedavisinde ilaç tedavisinin yanı sıra, elektriksel (EKT) ve manyetik (TMU), mikro akım (tDCS, CES) tedavileri gibi birçok tedavi seçeneği kullanılıyor. Fakat hiçbir tedavi yöntemi psikoterapinin önemini azaltmadı.

Yine, hiçbir tedavi doğru yaşamanın koruyucu ruh sağlığına katkısını azaltmadı.

Hiçbir tedavi insanı mutlu etmeye yetmedi.

Tedaviler insanı 'Eksi'den 'Sıfır' a getirdi. Ancak insanı 'Sıfır'ın üzerine yani 'Artı'ya çıkarmak gerekiyordu. Bu bilim dalı ile uğraşan disipline 'Pozitif Psikoloji' denildi. Uyguladığı tedavi yöntemi de 'Pozitif Psikoterapi' adını aldı.

Pozitif Psikoloji'nin öğretisine bakıldığında Mevlana'yı yeniden keşfeden, sistematize edip metodolojisini geliştiren yöntemler kümesi olduğu görülüyor.

Modern insan geçtiğimiz yüzyıllara göre daha varlıklı, daha güçlü, daha müreffeh ama daha mutlu değil. Bunun varoluşun anlamının değişmesi ile ilgili pek çok nedeni var.

Aydınlanma çağının tanımladığı 'Modernlik' kavramının üç ayağı vardı: 'Akılcılık', 'Dünyasallık' (sekülarizm) ve 'Bireysellik'. Modernizm sonucu seküler talepler artacak, insanoğlunun dini taleplere ihtiyacı kalmayacak ve böylece tanrısız bir dünya doğacaktı. Bunun için verilen tarih 20. yüzyılın sonu idi. Bilim ve teknolojideki gelişmeler insanoğlunu mutlu edebileceği için din ve tanrı inancı yok olacaktı. Din Psikolojisi Profesörü Ali Köse'nin aktardığı bilgilere göre Amerika'nın ünlü sosyologlarından Rodney Stark, 'Dinin Geleceği' isimli eserinde "Dinsiz gelecek düşüncesinin bir yanılsama" olduğunu ifade ediyor. (*Zaman*, 12.02.2012)

Akılcılık insanın bütün sorularına cevap veremiyordu. Dinin teselli etme, hayata anlam katma gücü ve işlevini karşılayamıyordu. Akıl insana güçsüzlük, çaresizlik ve ölüm gibi hayat olayları karşısında zihinsel sığınak sağlayamıyordu.

Ölümün ve sonsuzluk ihtiyacının olduğu bir yaşamda dünyevilik insanı tatminden uzak kalıyordu. Dünyasallaşmanın konforculuğa dönüştüğü dünyamızda yoksulluk ve ayrımcılık azalmıyor, artıyordu.

Bireyselliğin bencilliğe dönüşmesi sonucunda insanoğlu yalnız ve mutsuz olmaya başlamıştı.

Ölümsüzlüğe veya mutluluğa ilaç bulma çabaları 'Yeni Çağ Modernizmi'ni doğurdu. 21. yüzyılla birlikte 'Bilgelik Çağı' başladı. Bilgelik çağının ayak sesleri de Pozitif Psikoloji çalışmalarıdır.

Mutluluk Bilimi'ne göre;

1-Mutluluk ekonomik değer gibidir, üretilmeden tüketilmez.

2-Mutluluk dış gerçekliğe ve kaynaklara göre değil iç gerçekliğe ve kaynaklara göre üretilir. "Mutluluk, daha iyi bir hayatım olsa ne yapardım?" demek yerine, "Sahip olduğum hayatla daha iyi neler yaparım?" demektir.

3-Üretilen mutluluk, rasyonel kaynak yönetimi gibi uygun yerde, uygun zamanda ve uygun biçimde yönetilir.

Bütün bunlara baktığımızda Endonezya, Türkiye, Hindistan, Meksika gibi geleneksel değerlerin henüz tam olarak silinmediği coğrafyalarda yaşayan toplumların daha mutlu olduğunu görüyoruz.

O halde yukarıdaki hikâyede andığımız bilge gibi modernizmin kazanımlarını devam ettirelim ama sahte mutluluk ve yapay gülücüklerin yerine doğru değerlerle geleceğimizi ve hayatımızı yeniden inşa edelim diyorum.

İkinci Bölüm

MESNEVİ TERAPİ

Olumsuz Düşünce Kalıbı:
İnsanların beklediği şekilde kurallara uyarsam bu benim davranış özgürlüğüme engel olacaktır.

HİKÂYE
'Yüreğim Bağlı Değil'

Din bilgininin yolu tımarhaneye düşmüştü, "Gidip bir gezeyim, delilerin hâlini göreyim!" diyerek kapıyı çaldı. Girince, elleri ayakları bağlı bir delinin sevinç içinde bağırıp çağırdığını, keyiften sarhoş olduğunu gördü. Yanına giderek: "Yahu..." dedi. "Elin ayağın bağlıyken bu neşe de nedir? Tutsaksın, görmüyor musun hâlini?"

Deli: "Elim ayağım bağlı benim!" dedi. "Yüreğim bağlı değil. Gönlüm özgür olduktan sonra tutsak olmuşum, ne çıkar? İki âlem dediğin nedir? Bir deniz, adı da gönül. İşte o denizde hürüm ben!"

İnsan Özgürlüğünü Dış Değil İç Sebeplere Bağlamalıdır

Hikâyede görüldüğü gibi, deli, tutsak olduğu hâlde kendini özgür hissedebiliyor. Tersinden bakarsak, görünürde tutsak olunmadığı hâlde insana özgür olmadığını hissettiren birçok şey vardır. "İnsanların beklediği şekilde kurallara uyarsam bu benim özgürlüğüme engel olacaktır" gibi düşünceler bunlardan biridir. Bu yanlış inanışa karşın, hikâyedeki delinin durumu özgürlük anlayışına farklı yerlerden de bakılabileceğini gösteriyor. Burada kişi gönül zenginliği içerisinde baktığı için elinin, ayağının bağlı olması onun özgürlüğüne mani olmuyor. Mevlana bu örneği verirken insanın asıl özgürlüğünün arzularından, dürtülerinden kurtulmuş olmasına bağlı olduğunu anlatmak istiyor. Duygusal özgürlüğün insanı mutlu etmesi bakımından fiziksel özgürlükten daha önemli olduğunu vurguluyor. Bir insanın elini, ayağını zorla bağlayabilirsiniz ama duygusal özgürlüğünü yok edemezsiniz. Zorla bir şeyi istetemezsiniz. Demek ki insan kendi özgürlüğünü dış sebebe değil, iç sebebe bağlamalıdır. Eğer insan özgürlüğünü dışsal bir sebebe bağlayıp "Şu kurallara uyarsam özgürlüğüm kısıtlanır" derse kendini gücü yetmeyen sebeplere hapseder.

Çok Param Olursa Özgür Olur muyum?

İnsan özgürlüğünü kazancına, konforuna, yaşam şartlarına bağlamışsa sarayda yaşasa bile mutsuz olabilir. Bazen saraylarda yaşar ama bu onun için altın kafes gibi olabilir. Bunun örneklerini toplumda görebiliyoruz. "Spor arabam, pırlanta yüzüklerim var ve havuzlu villada yaşıyorum ama yine de mutlu değilim" diyerek kendini özgür hissetmeyen insanlar var. Buradan çıkarmamız gereken ders şudur: İnsan özgürlüğünü kontrol edebileceği şeylere bağlamalıdır. Kontrol edemeyeceği şeylere değil. Bu hikâyede bize bunu öğretenin akıl hastası olması da ironik bir durumdur.

Özgürlük-Sorumluluk Dengesi

Bugün modernizmin sunduğu özgürlük tanımında "Canının istediğini yap, hoşuna giden ne varsa yap, duvarları yık, zincirleri kır, özgür ol" anlayışı hâkimdir. Buradaki özgürlük kişinin içsel dürtülerinin karşılanması olarak ifade buluyor. Mesela çocuğu hasta olup da "Keyfimce yaşamak varken neden çocukla uğraşacağım ki! Benim özgürlüğümü engelliyor" diyerek işi boşanmaya kadar götüren insanlarla karşılaşıyoruz.

Özgürlükle sorumluluk arasında bir dengenin olması gerekir. Bu dengeyi modernizm bozmuştur. Çünkü hümanist felsefenin verdiği "Canının istediğini yapmak, eğlenmek senin hakkındır; eğer eğlenemiyorsan, zevklerini tatmin edemiyorsan özgür değilsindir" tarzındaki anlayış, zevkleri kısıtlayan her şeyi özgürlüğü kısıtlayan bir unsur olarak algılatıyor. Kişi kendine söylenen her "hayır"ı özgürlüğüne vurulmuş bir ket sanıyor. Sonra da zamanla toplumla çatışmaya başlıyor ve yalnızlaşıyor. Özgürleşmek isterken mutsuzlaşıyor.

"Vücuttaki en özgür hücre hangisidir?" diye sorsak cevabımız kanser hücresi olur. Çünkü kanser hücresi yanındakini yutar, vücuda giren kan şekerini diğer hücrelerin üç beş misli daha fazla tüketir. Hızla büyür. Çünkü özgürdür. Ama burada sorumsuz ve şeytani bir özgürlük vardır. O derece özgürdür ki büyür büyür, bütün dokuları yok eder ve vücutla birlikte en sonunda o da ölür. İşte bu sınırsız, narsistik özgürlüktür. Bencil insan da böyledir. Hep kendini önemser, kendini merkeze alır. Özgürlükleri kendine göre yorumlar. Hak duygusunda da kendine öncelik verir. Kendini birinci planda tutar. Eşiyle problem yaşadığı zaman "Dünyaya bir defa geldim" der ve evliliği bitirir. İşyerinde kendi çıkarına uymayan bir şey olduğunda "Benim özgürlüğümü kısıtlıyor" der, onu reddeder. İşte bu narsistik kişilik yapılanmasıdır. Bunlar sosyal dokudaki kanser hücresi gibidirler. Eğer bunlara sınır koymazsak, "Yanlış yapıyorsun" demezsek gittikçe büyürler.

"Özgürlüğü var" diyerek çocuğun her dediğini yaparsanız, onu küçük bir hükümdara dönüştürürsünüz. Küçük bir canavar olur. Çocuğun her istediğini yapmak ona özgürlüğünü vermek demek değildir. Anne-babanın amacı çocuğu o an mutlu etmek değil, onu geleceğe hazırlamaktır. Orta ve uzun vadeli mutluluğunu düşünmektir. İnsan bencilce bir özgürlüğü yüceltti̇ği zaman anlık mutluluğu düşünür. Ama üç sene beş sene sonraki mutluluğu hesaba katmaz. Tıpkı kanser hücresi gibi o anki isteklerini tatmin etmenin peşindedir. Altı ay, bir sene sonra kendi vücudunu öldüreceğini düşünmez bile.

Bu nedenle "İnsanların benden beklediği gibi kurallara uymam özgürlüğüme engel olacak" düşüncesi toplumdaki vicdanî kurallara, etik ve sosyal kurallara uyma konusunda hoşnutsuzluğuna sebep olur. Aslında bunlara uymak insanın davranış ve özgürlüğüne engel değildir. Mevlana'nın burada bize öğrettiği şey şudur: "Akıl hastası bir insan kendini özgür hissedebildiği hâlde, sağlıklı bir insanın kendini özgür hissetmesi gerekirken toplumsal kurallara uyarak özgürlüğünün kısıtlandığını düşünmesi yanlıştır. Kendi iç dünyamıza istediğimiz kadar özgürlük verme hakkımız var. Ama kurallara uymaktan ötürü kendimizi kötü hissetmeyelim. Kendimizi iç dünyamızda kontrol edebileceğimiz şeylerle özgür tutalım."

Kurallar Değiştirilebilir mi?

Bazı toplumsal kurallar gerçekten bazı yeteneklerimizin ortaya çıkmasına engel olabilir. Bu nedenle insan, "Bu kurallar davranış özgürlüğüme engel oluyor" dediğinde kuralların değiştirilebilir mi değiştirilemez mi olduğuna bakmalıdır. Eğer değiştirilebilir bir kuralsa zihinsel sınırlamalarını ortadan kaldırır. Ama değiştirilemeyecek bir kuralsa kendine yeni bir yöntem geliştirir. Bu, insanın özgürlüğüne engel değildir. Özgürlüğe engel olan şey ümitsizliğe düşmektir. İnsanların bazen yerleşik kuralları sorgulaması ve alternatif yollar geliştirmesi gerekebilir. Mesela hikâyedeki akıl hastası bağlı olduğundan durumunu değiştiremez. Çırpınsa kendine acı çektirmiş olacaktır. Böyle bir durumda değiştirebileceği şey, kendi iç dünyasında mutlu bir seyahat yapmaktır. Kontrol edebileceği alan budur ve o alana yoğunlaşarak mutluluğu yakalar.

Hikâyedeki kişi gerçeklikten koparak mutluluğu yakalamıştı. Ancak insan gerçeklerden kopmadan da kötü şartlarla mücadele için kendini iyi hissetmenin yolunu bulabilir. Yani en kötü şartlardayken bile mutlu olmayı başarabilir. Gerçeklere bağlı kalarak içinde bulunduğu şartları inceler ve zamanı geldiğinde değiştirir. Mücadeleden tamamen vazgeçerse ruh sağlığı bozulur. Sağlıklı insanlar hep bir arayış içinde olmuştur. Bunun nedeni insanda bulunan "yeniliği arama geni"dir. İnsanın bu geni harekete geçirmesi için kendini güvende hissetmesi gerekir. İcatların çoğunun Amerika'dan çıkmasının nedeni, Avrupa'da kendini baskı altında hisseden kişilerin Amerika'ya gitmesidir.

Mesnevi'den Söz

Mevla (Efendi) kimdir? Seni azad eden, (nefse) kulluk prangasını ayağından çözendir! Hürlük yolunu gösteren peygamberliktir. Müminler, peygamberlikten azatlık bulurlar. (VI., 4540-4541)

Olumsuz Düşünce Kalıbı:
Benim için neyin en iyi olduğunu biliyorum.
Diğer insanlar bana ne yapmam gerektiğini
söylememeliler.

HİKÂYE
Ayıdan Dost Olunca

Ormanda bir ayıya boa yılanı musallat olmuştu. Beline sarılmış ayıyı sıkıştırıyordu. Ayı can havliyle bağırıyor, yardım istiyor, çırpınıyordu. Bu sırada oradan geçmekte olan bir adam bağırışı duyup geldi; kılıcını çekip yılanı öldürdü. Ayı rahat bir soluk aldı. Ve kendisine iyilik yapan adamın peşini bırakmadı. "Hayatımı kurtardın, seninle dost olmak ve hizmetine girmek istiyorum." dedi. Adam istemedi ama ayının üstelemesi karşısında mecbur kaldı: "İyi o hâlde..." dedi. "Gel!"

Ayı artık adamın evinin eşiğinden ayrılmıyordu. Konu komşusu uyardı adamı: "Ayıdan dost olmaz. Ahmak dosttansa akıllı düşmanın olsun. Başına bir bela geleceğinden endişe ediyoruz. Def et gitsin!" Lakin adam artık ayının bağlılığını gördüğü için farklı düşünmeye başlamıştı. Bu yüzden, "Beni kıskanıyorlar. Onun gibi güçlü bir yardımcım olduğu için çekemiyorlar" diye düşündü ve uyarıları dikkate almadı.

Günlerden bir gün, ormana odun kesmeye gitti. Tabii ayı da yanındaydı. Adam hayli çalıştı, ağaç kesti, istifledi, yorulunca da soluklanmak üzere bir ağacın gölgesine uzandı. Ayı da yanına çöktü. Biraz sonra bir sinek gelip adamın yüzüne kondu. Ayı, efendisine iyilik olsun diyerek sineği kovdu. Sinek kaçtı fakat az sonra yine kondu. Ayı yine kovdu, sinek yine kondu. Derken ayı kızdı ve sineği öldürmekten başka çare olmadığını düşündü.

Koşarak gitti. İri, yassı bir taş kapıp geldi. Olanca gücüyle adamın yüzüne indirdi. Başından ağır yaralanan adam oracıkta öldü. Dostlarını dinlememenin cezasını hayatıyla ödedi.

Güven Esas, Kuşku İstisna Olmalıdır

Hikâyede ayı, adama iyi niyetli ama ahmak dost gibi zarar veriyor. Buradan çıkarılan iki ders var. Birincisi, iyi niyetle yapılan kötülüklerin de olabileceği. Ayının yaptığına bakarak, dostluk kurarken sorgulamanın önemini görebiliriz. İyi niyetle yapılan kötülükleri anlatmak için kullanılan veciz bir söz vardır: "Cehenneme giden yol iyi niyet taşlarıyla döşelidir." Demek ki niyet iyi olsa bile birine kötülük yapmak mümkün. O hâlde sıradışı durumların, dostlukların sorgulanmasında fayda vardır. Ancak bu sorgulama hakkaniyeti gözetir tarzda olmalı. Aksi hâlde, hemen aşağıda anlatacağımız önyargı tuzağına düşmemiz mümkündür.

Hikâyedeki ikinci ve üzerinde daha çok durulması gereken ders, önyargıdır. Hikâyedeki kişi ayı konusunda kendisini uyaran komşularına "Beni kıskanıyorlar" diyerek önyargıyla bakıyor. Bir insan ben her şeyi biliyorum diyorsa o kişide realite körlüğü oluşur. Bu hikâyede de ayının kendisine bağlanması neticesinde adamda bir duygusal körlük oluşuyor. Ayının hata yapabileceği gerçeğini göz ardı edip kendini savunmasız bırakıyor. Başkalarının yorumlarını yanlış anlıyor.

Mevlana burada bize iki şey öğretmiş oluyor. "Cahil, ahmak bir dostunuz varsa onun her davranışını olduğu gibi kabul etmeyin" ve böyle durumlarda sizi uyaranlar varsa "En iyisini ben bilirim" diyerek uyarıları reddetmeyin. İnsan her şeyi bilemez. Başkasının düşüncesine her zaman ihtiyacı vardır.

Zekâ + Tecrübe= Akıl

Akıl, zekâ ve tecrübenin toplamıdır. Hikâyede kişi ayıyla dostluk etme konusunda tecrübesiz olduğu için zekâsını kullanamıyor. Aklını yanlış kullanmanın bedelini hayatıyla ödüyor. Eğer başkalarının tecrübelerinden faydalansaydı böyle bir hataya düşmeyecekti. Bazı insanlar yaptıkları hatadan ders çıkarır ve aynı hatayı ikinci kez işlemezler. Bir de akıllı insanlar vardır ki deneme yanılmayla hiç vakit kaybetmez, başkalarının hatalarından ders çıkarır ve o hataya hiç düşmezler. Kimileri de aynı hataya tekrar tekrar düşerler. İşte bu, burnunun dikine giden insan modelidir. İnsanların tecrübelerinden ders çıkarmak ve içinde öneri olan eleştirileri korkmadan kabullenmek hayatımızı kolaylaştırır.

Bize Benzemeyenle Nasıl İlişki Kurarız?

Psikolojik savaş kuramlarından biridir: Bir insan kendi ordusunu tanıyor ama düşmanı tanımıyorsa; bu kişinin savaşı kaybetme ihtimali yüksektir. Düşmanı tanımadığından gücünü yanlış tarafa yönlendirip yenilebilir. Eğer düşmanını güçlü ve zayıf yönleriyle iyi biliyor ama bu sefer de kendini tanımıyorsa yine mağlup olabilir. Savaşta başarılı olmak için insanın hem düşmanını hem de kendini iyi tanıması gerekir. İnsan sosyal hayatta da bir başkasıyla ilişki kurarken o kişinin güçlü ve zayıf yanlarına dikkat etmelidir. Mesela, işyerinde yöneticiyseniz çalışanlarınızı yeteneklerini bilip ona göre yönlendirirseniz başarılı olmalarını sağlar ve verim alırsınız. İnsanların zayıf/kötü yönleri merkeze alınmadan güçlü/iyi yönleri dikkate alınarak iyi ilişkiler kurulabilir. Çok alıngan bir kişinin bu özelliğine yoğunlaşmazsanız negatif ilişkiden kaçınma yolunda önemli bir adım atmış olursunuz. Pozitif yönlere odaklanarak kurulan ilişki sağlıklı bir iletişimi beraberinde getirir. Bahsettiğimiz hikâyedeki kişi, ayının muhtemel özelliklerini ve iyi niyetle de olsa kendini öldürebileceğini dikkate almıyor. Ayının, her dediğini yapması egosunu besliyor. Bu yüzden ayıya sorgusuz sualsiz bir biçimde güveniyor. Sonuçta tüm bunların bedelini ödüyor.

Elbette insan ilişkilerinde güven esastır ama kuşku istisnadır. Fakat bu örnekte kişi, hiç tanımadığı, bilmediği bir ilişki türü için bile kuşkuyu tamamen devre dışı bırakıyor. Karşısındaki kişinin zaaflarını ve ilişkinin içerdiği olası tehditleri göz ardı ediyor. Bu nedenle de hata yapıyor. Ayrıca insani ilişkilerde kişinin hassas, zayıf olduğu noktaları bulup tahrik etmemek esastır. Zafiyetler üzerinden kurulan ilişkilerde sağlam bir zemin yoktur. Bir insanın yarasına dokunursanız canı acıdığı için size tepki verir. Verdiği tepkinin nedeni sizi sevmemesi değil yarasının kanatılmasıdır.

Güvenle Kuşku Arasındaki Sınır

İlişki tarzını karşımızdakinin karakterine göre belirlememiz en uygun olanıdır. Güzel bir örnektir: İmam-ı Azam hazretleri arkadaşlarıyla bir yere giderken uzun boynuzlu bir öküze denk geliyor. İmam-ı Azam öküzün önünden geçmiyor, arkasından dolanıyor. Bunun üzerine "Hocam, korktunuz mu?" diye soruyorlar. İmam-ı Azam hazretleri de "Hayır!" diyor, "Onun boynuzları varsa benim de aklım var."

Yani "Öküzden korkmam" diyerek yiğitlik taslamanın bir anlamı yok. Öküzün boynuzuna karşı onun da silahı aklı. Ayının gücü var ama insan aklını ayıya teslim etmemeli. Yine Mevlana'nın güzel bir sözünü hatırlatalım: "Cihad nedir?" diye soruyorlar, "Delilerin elinden silahı almaktır" diye cevap veriyor. Sağlıklı düşünmeyen bir insanın elinde silah olursa kan akar. Silahı onun elinden almak bir cihattır. Kötülük yapacak insanın kötülüğüne engel olmak cihattır. Hikâyedeki adam sağlıklı düşünemeyenin (ayının) elinden gelecek kötülüğü fark edemedi, çünkü ona fazlasıyla güvendi. Güvenle kuşku arasındaki sınırları iyi belirlemek bazen hayati derecede önemlidir.

Mesnevi'den Söz

Ana, süt emen çocuğuna "Gel yavrum, süt em, ben senin ananım" dese, çocuk "Ana, sütünü emersem karnım doyacak mı, bir delil göster" der mi? (II., 3596 – 3597)

Olumsuz Düşünce Kalıbı:
İnsanlar işleri benim tarzımda yapmalıdırlar. Bir şeyleri yapma tarzım genellikle en iyi yöntemdir.

HİKÂYE
Tuz Yüklü Eşek

Tuz yüklü bir eşek çaydan geçiyordu, ayağı kayıp suya yuvarlandı. Tuz suda eridi. Eşek ayağa kalktığında yükünün hafiflediğini görüp ayağının kaydığına çok sevindi.

Bir gün de sahibi eşeğe sünger yükledi. Eşek, yükün suda hafiflediğini öğrendi ya, çaya varır varmaz ayağı kaydığı gibi suya seriliverdi. Süngerler suyu içtikçe şişip şişip ağırlaştı, o kadar ki eşek bir türlü kalkamadı, ölüp gitti.

Kriz Anlarında Doğru Hareket Etmek

Hikâyedeki eşekten yola çıkarak soralım: Sırtında yumurta küfesi taşıyan bir adama bir başkası taş atsa, adam da sinirlenip karşılık verse ne olur? Yumurta küfesini düşürür. Yani oyuna gelmiş olur. Oysa önce sırtlandığı sorumluluğu düşünmesi gerekmez mi? Bunun gibi kişinin sorumlulukla karar vermesi gerekir. O zaman şu soruların cevabını verebilmemiz gerekiyor. "Biz kimiz? Neler yapabiliriz ve yaptığımız şeyin gerekleri nelerdir?"

İnsan hayattaki sorumluluğunu sorgulamalıdır. Bu sorumlulukların getirdiği yükler de vardır. Eğer taşıdığı yüklerin özelliklerini bilirse şartlarla mücadele etmesi daha kolay olur.

Aslına bakarsanız, tuz yüklü eşeğin hikâyesinin özünde bir kriz yönetimi dersi var. İnsan suya düştüğünde "Boğulmadan buradan nasıl çıkarım?" diye düşünür. Kriz geçtikten sonra ise öğrendikleri hakkında kafa yorar. Eşek burada bir kriz yaşamış ve yükünü hafifleterek avantajlı olarak çıkmış. Böylelikle "Suya düşmek iyidir" diyerek yanlış bir sonuç çıkarmış. Yükünün niteliğini düşünmediğinden, daha sonra sünger taşıdığında önceki krizden yanlış ders çıkardığı için ikinci krizde hayatından olmuş.

Çincede "kriz" kelimesi iki karakterden oluşur; "tehlike" ve "fırsat" karakterlerinden. Yani krizin olduğu yerde tehlike de vardır fırsat da. Kriz anında risk değerlendirmesi yapılmasının önemi büyüktür. Eşek suya ilk düştüğünde yükünün tuz olduğunu, yükün o yüzden eridiğini bilseydi, sünger taşırken de süngerin suyu çekebileceğini düşünüp risk değerlendirmesini yapacaktı. Ya da burada eşek kendi aklına güvenmeyip yükü yükleyene bir sormalıydı. Demek ki insan sadece kendi aklına güvenirse hatalara düşebilir. İnsanın kendi bildiklerini de sorgulaması gerekir. Bunu yapmadığı zaman eşeğin konumuna düşebilir. O yüzden kişi "Ben her şeyin en iyisini yaparım" gibi bir önyargıyla kendini değişime kapatmamalıdır. Kriz anında tek başına bunun üstesinden gelmeye çalışmak yerine yanımızdakine danışmak belki de daha önemlidir.

Mesnevi'den Söz

Sual de bilgiden doğar, cevap da… (IV., 3009)

Olumsuz Düşünce Kalıbı:
Tanınmak, övülmek ve hayranlık duyulmak çok önemlidir. Diğer insanlar ne kadar özel biri olduğumu fark etmelidirler.

HİKÂYE
Tavusun Tüyleri

Adamın biri, bir tavus kuşunun rengârenk, güzelim tüylerini yolduğunu görünce:

"Yazık değil mi a güzel kuş" dedi. "O güzelim tüylerini yolup yolup atıyorsun. Herkes onlara sahip olmak için can atıyor."

Tavus kuşu: "Haklısın" dedi.

Adam: "Madem haklıyım, bunun bir açıklaması olmalı o hâlde" deyince, "Ama ben de haklıyım" dedi tavus kuşu.

"Nasıl yani?" diye sordu adam. "Tüy canımdan değerli değil ya" dedi tavus kuşu ve ekledi, "Çünkü onlar yüzünden canıma kastediyorlar. Tüylerden kurtulmam gerek."

Adam: "Ne demeli" dedi. "Haklısın!"

Bazen Fark Edilmek İnsanın Başına Bela Olur

Mesnevi'de geçen hikâyede, tavus kuşunun tüylerinin güzelliğinin dikkat çekici boyutlarda olması sebebiyle, avcının hedefi hâline gelmesi anlatılır. Dışarıdan bakıldığında tüyleri ona ait en büyük değer gibi görünse de o, avcıdan kurtulmak için tüylerini gözünü kırpmadan yolar.

Toplum içinde de tanınmak, övülmek, hayranlık duyulmak gibi motivasyonlarla öne çıkan insanlar, bu özelliklerinden rahatsız olan başka insanlar yüzünden riske girebilirler. Toplumda güzellik, zekâ ve herkesin kendisinde olmasını isteyeceği birçok özellik sayesinde dikkat çekiyor olmak aslında özenilesi bir durum gibi görünebilir. Fakat bazen de fark edilmek, insanın başına bela olur. Kişiler belki de doğal bir içgüdüyle kendilerine hayran bırakacak, bu sayede tanınmalarını sağlayacak özelliklerini sergilemek istiyorlarsa bunun kimi zaman başkalarının düşmanlığını çekebileceğini hesap etmelidirler. Kişi bu tür düşmanlıklarla mücadele etmeye hazırsa, hayatını riske etmiyorsa bu belki kârlı bir davranış bile olabilir. Sadece gösteriş olsun diye bu tür risklere girmekse akıl kârı değildir.

Tavus kuşunun hikâyesinde, dikkat çekici özelliği yüzünden kuşun hayatı riske giriyor. Hikâyede anlatılan, dikkat çekmenin zararlı taraflarına vurgu yapan çarpıcı bir örnek. Hikâye, dikkat çekecek, övgüye değer, hayranlık duyulacak şeylerin, çok sağlam gerekçeler varsa sergilenmesi, sadece alkış için yapılmaması gerektiğini anlatıyor. En açık mesajı; "Hayatını tehlikeye atan şeyler varsa onları terk et."

Başarıyı Çekememe Bir Hastalık Olarak Değerlendirilebilir

Kıskançlık duygusu insanların zaaflarından bir tanesi olduğundan bazı insanlarda ağır basan bu duygu yüzünden bir başkasının başarısını beğenmek zorlaşabilir. Karanlığın beş atlısı diye tabir edebileceğimiz duygular vardır: Kin, öfke, nefret, kıskançlık ve düşmanlık... Bunlar zarar verici duygulardır. Karşısındakinin bu duygularını tahrik edici davranışlarda bulunmak da akıllı kişi işi değildir. Mesela çoban, sürüsüne kurt çekmez. Kurtların iştahını açacak şekilde davranmaz. Kişi takdir edilecek, övülecek şeyler yaptığında bir şekilde kendini teşhir etmiş, fark edilir kılmış olur. Bu, soğuk havada elbise çıkarmaya sonunda da hasta olmaya benzer; sonuç kaçınılmazdır. İnsan bu tip sebeplerle bir anda hedef hâline gelebilir. Mesela mücevherler ve diğer değerli eşyalar ortada bırakılmaz. Anahtar hırsızlar için değilmiş, komşular içinmiş. Yani komşun geçerken kapıyı açık görürse merak duygusuna yenilip içeriye girer, sonra da daha farklı duygularla evden bir şeyler alabilir. Güzel şeyleri ortada bırakmak, güzelin özelliğine uymaz. Onun için nasıl ki variyetimiz içindeki güzel şeyler kasalarda muhafaza ediliyorsa, insanın da güzelliklerinin örtünmesi onun negatif etkilere karşı korunması demektir. Aç insanların olduğu yerde yiyecekleri sergilersen başına ne geleceği bellidir; bunu yapacaksan talan edilmeyi göze alacaksın demektir. Kişi böyle durumlara karar verirken olabileceklerin farkına varmalıdır. Bu farkındalık da onun zekâ seviyesiyle ilgilidir.

İnsanda Genelde Güzeli Sergileme Arzusu Vardır

Evet, insanda güzeli sergileme arzusu vardır fakat bu güzelliği gösterirken onu riske etmemek önemlidir. Yerinin ve zamanının belirlenmesi kişinin hikmetli olmasıyla alâkalıdır. Hikmetli olması noktasında da vicdanî zekâ ön plana çıkıyor. Kişi sadece o an isteğini tatmin etmek için değil, kendisine ve topluma ne kazandıracağını düşünerek hareket etmelidir. Sadece duygusal zekâsı yüksek olan kişiler alkış ve övgü almak için kendilerini sergilemek isterler. O yüzden de yerine ve zamanına önem vermezler. Vicdanî zekâsı yüksek kişi ise güzellikleri teşhir etmeden önce toplumsal faydayı ve yerinin, zamanının doğru olup olmadığını düşünür. Yaptığı değerlendirme sonucu özelliklerini, yeteneklerini sergileyip sergilememe konusunda karar verir. Bu bir nevi kaynak yönetim sistemidir. Yani bir insanın kendi güzellik kaynağını yerinde ve zamanında kullanabilmesi, kişinin zekâ seviyesiyle orantılıdır.

Diğer yandan, insanın elindeki kıymetli şeyi zarar göreceği şekilde sergilemesi nasıl yanlışsa, onu hep gizleyip, kapalı kapılar ardında tutması da o kıymetli şeye karşı haksızlık olur. Tevazu ile hareket edildiğinde sergilenen değer, kimi zaman diğer insanlar açısından daha kolay kabullenilebilir bir hâl alır. Tevazu, güzelliği gizlerken o güzelliğe haksızlık yapmak demek değildir. Mantıksal zekâsı yüksek, vizyon sahibi insanlar içinde bulundukları ortamı iyi analiz edebilirler. Eğer vicdanî zekâları da yüksekse doğru yer, doğru zaman kuralına bağlı kalarak, hedef kitleyi belirler ve güvenli bir şekilde ortaya koyarlar.

Topkapı Sarayı'ndaki Kaşıkçı Elması her gün binlerce kişiye sergilenir. Belli bir emek harcayarak ücretini ödeyip girişteki güvenlik sorgulamasından geçenler onu rahatlıkla görebilirler. Yani bu eşsiz güzellik sadece onu görmeyi hak edenlere sergilenir. Başka bir örnekle konuya açıklık getirecek olursak; bir insanın kitabının bedava dağıtılması o esere saygısızlıktır. Aynı şekilde, çok abartılı fiyatlara satılması da okumayı hak eden birçok insanın esere ulaşmasını engeller. Ama hedef kitle belirlenip kitap satışının ona göre değerlendirilerek yapılması, hikmetli davranış sınıfına girer. Bunun başarısı, durumun gidişatını kontrol eden ve belirleyen gücün bilgeliğine bağlıdır. Bunu başarabildiğinde tevazu o kişiye zarar vermez, tam tersine kişinin kıymetini arttırır. Değerli olanın ulaşılabilirliğini sınırlı tutsa da kolay ulaşamamaya bağlı değerliliği de ortaya çıkarmış olur. Çünkü insan kolay ulaştığı bir şeyi değersiz görür. Aslında pahalı olan bir şeyi ucuza alırsa onun kıymetini bilemez ama gerçek fiyatını ödediğinde gözünde daha da kıymetlendirir.

Onun için kutsal kitaplarda fiyat yazmaz, "hediyesi budur" yazar. Bunun sebebi insanların o kutsal kitabın asıl değerine ilişkin bir yanlış algılama oluşturmalarına engel olmaktır. Bu bir saygı ifadesidir.

Güzel Davranış Niçin Sergilenmek İstenir?

Kişi kimi zaman da beğenilmenin yanında karşısındakinden bir onay beklentisi içine girer. Nasıl bir çocuk iş yaptığında annesinin onayını bekler, annesi onu gözüyle, başıyla onayladığı zaman mutlu olursa, yetişkin insan da iyi bir şey yaptığı zaman bunun onaylanmasını bekler. Bu, beyindeki ödül-ceza sisteminin gelişmesi açısından önemlidir. Ama bu, kişinin o işi ne için yaptığıyla da alâkalıdır. Para için yapıyorsa para kazandığında mutlu olur. Alkış için, halkın takdirini kazanmak için yapıyorsa alkışlandığı zaman mutlu olur. Sanatı sanat için yapmaksa büyük sanatçıların harcı bir durumdur. Onlar eserlerini kendi sezgileri doğrultusunda ortaya koyduklarından, bu duyguların sonucunda çok özel yapıtlar ortaya çıkar.

Yapıtlarını göz önüne sermek için sadece başkalarının alkışı temel gerekçe olmaz, belki teşvik edici olur. Burada temel gerekçe, kişinin doğruyu doğru olduğu için, inandığı ilkeleri için yapmasıdır. Mesela Allah dostları, "münhasıran Rıza-i İlahi'yi gaye-i maksat yapmak" derler. Bediüzzaman hazretleri, İhlas Risâlesi'nde, kişinin Allah rızası için yapmış olduğu işin sonucunda aldığı hazzın, ödül olarak kendisine yettiğinden bahseder. Başkalarının övgüsü ancak teşvik edici olabilir. Ama sadece başkalarının teşviki için güzel işler yapılırsa burada işin içine ikiyüzlülük girer. Bu nedenle bir şeyi yüksek idealler ve soyut hedefler için yapmak gerekir. Tarihte ancak böyle düşünen insanlar kalıcı eserler bırakmışlardır. Toplumun övgüsü, takdiri önemli; teşvik ediyor ama aynı zamanda kişiyi özgünlükten de uzaklaştırıyor. Mesela Hz. Hasan ile Hz. Hüseyin, Yezid'e karşı "Hak budur" demişler ve "siyasi düzen böyle istiyor" düşüncesi ve kabulüyle haktan, ilkelerinden vazgeçmemişler. Canlarını vermişler ama tarihte iz bırakmışlar. Yezid o anki siyasî çıkarı gözeterek davranmış ama insanlık tarihinde de kara bir iz bırakmıştır. Eğer bir kimse tarihte her zaman anılır olmayı hedef edinmişse, işte o kişi vicdanî zekâsı yüksek kişidir.

İnsanlığa fayda sağlayarak dünya döndükçe var olabilmek, vicdanî zekânın stratejik hedefidir. İnsanda diğer zekâ türleri varken vicdanî zekâ yoksa eksik bir şeyler var demektir. Mesela, Hitler'in duygusal zekâsı yüksektir. Büyük kitleleri etkileyerek harekete geçirmiştir. Bununla birlikte sosyal ve bedensel zekâsı da yüksektir. Rusya'nın ortasına gidecek kadar yetenekli birisidir ama vicdanî zekâsı düşük olduğu için başarısız olmuştur. Tarihte de simsiyah bir iz bırakmıştır. Vicdanî zekâsının düşük olmasının nedeni başkalarını düşünmeyerek kendi çıkarları doğrultusunda hareket etmesidir. Burada bencillik var, vicdanî zekânın temel unsurlarından yardımseverlik yok. Acımasızlık var. Etnik narsisizm var çünkü kendi ırkını üstün görüyor. Her türlü yalan kullanıldığı için dürüstlük de yok. Etik değerler ve doğaüstü güce karşı sorumluluk bilinci, bilgelik ve alçakgönüllülük gibi vicdanî zekânın özelliklerinden hiçbiri yok. Ortada disiplinli, adanmış, iş için her türlü fedakârlığa hazır ve kararlı birisi var ama vicdan olmadan başarı peşinde koşmuş, ahlâk olmadan askerlik yapmış, ilkesiz bir siyaset izlemiştir. Doğruluğun, adaletin, nezaketin olmadığı yerde elde edilen başarılar kötü başarılardır. Bu nedenle vicdanî zekâyı insan bir seçenek olarak düşünmelidir. Kişi vicdanî normlar oluşturmalıdır. Tavus kuşunun örneğine dönersek, güzelliğini sergilerse avlanacağını görüyoruz. Ama koruma altında olacağı, ona kimsenin zarar veremeyeceği bir kafese girerse o zaman sorun ortadan kalkar ve güzel tüylerini istediği gibi sergiler.

Mesnevi'den Söz

Sana hırs veren sesi adamları paralayan kurt sesi bil.

(II., 1959)

Olumsuz Düşünce Kalıpları:
Bir şeyleri düşünerek kendimi rahatsız etmemeli, içimden geldiği gibi davranabilmeliyim. Eğer bir şeyi yapmaktan hoşlandığımı hissedersem, hemen başlamalı ve yapmalıyım.

HİKÂYE
Fil Yavrusu Yiyenler

Akıllı bir adam yolculuğa çıkacak arkadaşlarına:

"Geçeceğimiz ormanda birçok tehlike var. Karnınız acıktığında sakın kuvvetsiz ve semiz olduklarına bakıp da fil yavrularını avlamayın, anneleri pusudadır ve evlatlarına zarar verildiği anda amansız bir düşman hâline gelirler!.. Öğüdümü tutarsanız, iyiliğe kavuşursunuz" dedi.

Arkadaşları ona teşekkür ettikten sonra hep birlikte yola çıktılar. Ormandaki yolculukları pek çetin geçti. Bir süre sonra, karınları acıkmaya, susuzluktan dudakları kurumaya başladı. Tam o sırada yapayalnız dolaşan güzel bir fil yavrusu gördüler. Verilen öğütleri unutup hırsla yavru file saldırdılar. Yavru fili yatırıp kestiler ve etinden kebap yaptılar... Kısa zamanda derin bir uykuya daldılar. Yavru filin etine elini bile sürmeyen akıllı ve aç adam ise sürüyü bekleyen çoban gibi uyanıktı.

Akşama doğru kızgın bir fil çıkıp geldi. Korkuyla kendine bakan uyanık ve aç yolcunun etrafında üç kere dolanıp, ağzını üç kere kokladı. Onda yavrusunun kokusunu alamayınca uyuyanların ağzını koklamaya başladı. Evladını kebap edip yiyenleri tanıyınca, birer birer havaya kaldırmaya ve hırsla yere çarpıp öldürmeye başladı. Geride sadece yavrusunun etinden yemeyen akıllı ve uyanık adam kalmıştı. Anne fil ona hiç dokunmayıp ormanların derinliğine çekilip gitti...

Kibir, hırs ve şehvet kokusu da fil yavrusunu yiyenlerin ağızları gibi kokar durur. Bu yüzden dualar kabul olmaz ve insan bin türlü bela ile karşılaşır...

Asıl Zafer Kişinin Kendine Karşı Kazandığı Zaferdir

Akıllı adam "Geçeceğimiz ormanda tehlikeler var" diyerek yolculuğa çıkacak insanları uyarıyor. İnsanlar ihtiyacı olmayan şeylerle ilgilenmezler fakat açlarsa zaafları ön plana çıkar. Böyle durumlarda mantıksal zekâsını işletebilen akıllı adam tehlikelere karşı arkadaşlarını uyarmış ve kâr-zarar analizi yaparak öğüdünü tutmalarını istemiş. Aslına bakarsanız "Hislerinizle değil, vicdanınızın sesini dinleyerek hareket edin" demiş. Akıl, hisler ve sosyallik burada ön planda ama can alıcı nokta kişinin "ilkeli" olmasıdır. Akıllı adam, aç kaldığı hâlde ilkesini bozmuyor ve fil yavrusunu yemiyor. İşte o, vicdanî zekâsı yüksek kimsedir. Bu kişi neticede hayatta kalıyor. Fil yavrusunu yiyenler "Bir şeyi yapmaktan hoşlanırsam onu hemen yapmalıyım" şeklindeki yanlış düşünceyi örneklendiriyorlar. Yani "Hoşlandığım şey iyidir, hoşlanmadığım şey kötüdür" tarzında bir düşünce. Bu aynı zamanda "Gerekirse kuralları bozabilirim, yalan söyleyebilirim..." gibi yanlış bir düşünceyi de içinde barındırıyor.

İnsanın Zevk Tuzakları

Yanlış bir tavır karşısında insanın mantığı "yapma" derken hisleri "yap" der. Eğer vicdanın sesi "yapma" diyorsa, kişi o işi yapmamalıdır. Burada anlatılmak istenen, kişinin içinden geldiği gibi değil de doğru olarak bildiği şekilde hareket etmesi gerektiğidir. Hırs ve şehvet duyguları olanların da fil yavrusunu yiyenler gibi acı sonla karşılaşmaları muhtemeldir. İnsana en çok hata yaptıran duygular hırs, kibir, şehvettir. Bu duygular da kişinin zevk tuzaklarıdır. Kibirli kişi o kibir nedeniyle kendine aşırı güven duyar ve riskli davranışlara girer. Hırslı kişi de realite körlüğü yüzünden tehlikeleri göremez. Aynı şekilde şehvetli kimse de sonunu düşünmeden hareket etme eğilimindedir. Bütün bu hırs, kibir, şehvet; bu özellikleri barındıran kimselerin beden dillerine yansır ve günün birinde bu kişilerden yaptıklarının hesabı sorulur. Kişinin bu tuzaklara düşmemesi önemlidir. Hikâyede "Yaptığınız yanınıza kâr kalmaz. Sabırlı davranıp o fil yavrusunu yemeyen akıllı adam gibi davranırsanız kârlı çıkarsınız." denilerek bir analoji yapılmış.

Fil yavrusunu yemeyen açısından bakıldığında aç kalan kişi kitle psikolojisine yenik düşmemiş ve o anda aç kalmış, acı çekmiş. Diğerleri ona, yemediği için "keriz" gözüyle bakmış. Fil de ilginçtir ki herkesi darmaduman etmiyor, yavrusunu yiyenleri kokusundan ayırt ederken oradaki masumu da fark ediyor.

En büyük zafer; bireyin kendine karşı kazandığı zaferdir. Kendini çeldirici, ayartıcı dürtülere karşı muzaffer olabilmek birey için en büyük zaferdir. Bu başarıldığı an asıl sınav kazanılmış oluyor. Dolayısıyla kişinin dürtüleri üzerindeki hâkimiyeti karakter eğitiminde çok önemli bir yer tutar. Kişinin kendi arzu ve dürtülerine karşı özgür olması, onları yönetebilmesi gerekir. Karakter eğitimi seyisliğe de benzer. Bilindiği gibi, "siyaset" kelimesi "seyis" kelimesinden gelir. At da seyis de "patron benim" der ve eğer seyis sözünü geçirebilirse atı istediği yere yönlendirebilir. Sözünü geçiremezse bu sefer at onu istediği yere götürür. Kişi yerinde hareket edebilirse kontrolü ele alabilir ve bu hâkimiyet ona hayat enerjisi olur. Aksi takdirde hırslar, para, güç gibi tuzaklar kişiyi kendi tarafına çeker. Bu attaki enerji gibi vahşi bir enerjidir ve eğitilmesi gerekir. Aynı şekilde karakter eğitiminde de bu enerjilerin eğitilmesi esastır. Karakter eğitiminde Mevlana'nın farkı; vicdanî zekâyı kullanmasıdır. Bunu çok kritik yerde doğru konuma oturtarak kullanabilmiş; iyi olmayı anlatırken vicdanî zekânın verdiği engin iç huzuru insana yaşatmıştır. Bir şeyi yaparken o işle ilgili hissedilen iç tatmin, kişinin ilk peşin ücretidir. Ve bu, bu dünyada verilir, öldükten sonraki dünyaya kalmaz. Yani iyi işler yapmanın verdiği iç huzur ve tatmin, insanın mutlu olması için yeterli olur. Bunun için iyiliğin alkışlanmasına lüzum bile yoktur.

Tek Başına Ahlaki Değerleri Bilmenin Önemi Yoktur

Önemli olan değerlerin ne kadar uygulanabildiğidir. Asıl subay, çizmelerini, üniformasını giyip talim alanına inen subaydır, salon subayı değildir. Cipine biner, komuta alanını dolaşır, yapması gereken vazifeyi yerine getirir ve kendisine "kıtanın tozunu yutmuş komutan" derler. Böyle olunca o asker iyi bir lider, iyi bir komutan olur. Gerekiyorsa askerle birlikte yatıp kalkar. Bunun gibi hayatta da bir doğruyu bilmek yetmez, onu uygulamak ve hayata geçirmek önem arz eder. Hayata geçirebilmek için de riske girmek gerekir; "Hayat-ı içtimaide, niyet-i içtinab ile bulunmak" yani Hak için halkla beraber olmak. Asıl mesele fırtınalı havalarda yüzebilmek, hayatta kalabilmektir, yoksa güzel havalarda herkes yüzer. O yüzden bir işte başarılı olabilmek için işin talimini yapmak gerekir. Sosyal hayatta hırslı, açgözlü insanlarla karşılaşacaksın ve bunlarla mücadele edip ormanlardaki fırtınalara direnip ayakta kalan büyük ağaçlar gibi ayakta kalmayı başaracaksın. Uçurtmaların uçmasını sağlayan rüzgârdır diye bilinir ancak asıl etken uçurtmanın rüzgâra dayanma gücüdür. Hayat da böyledir. İnsanın karşısına çıkan zorluklara dayanabilme gücü onu bir yerlere getirir. O yüzden hayatta kibirli, hırslı ve açgözlü insanlarla karşılaştığımızda bizim nasıl bir duruş sergilediğimiz, krizi nasıl yönettiğimiz önemlidir. İşte bu hikâyede de kriz anında nasıl davranılacağıyla ilgili bir eğitim verilmiştir. Vicdanî zekâsı yüksek olan kişiler kriz anında daha başarılı olurlar çünkü ilkeli davranabilirler. O anda kaybediyor gibi gözükseler de aslında en büyük kazançları onlar elde ederler. Sahip oldukları bu özellikler onların toplumda güven uyandırmalarını, sosyal saygı görmelerini ve sevilmelerini sağlar. Farkında olmadan insan bu özelliklere karşı bir muhabbet hisseder. Yani nasıl ki güzel resme, güzel manzaraya karşı insanda bir sevgi varsa, vicdanlı insana da buna benzer bir muhabbet söz konusudur. En yalancı insan bile doğru bir insanı takdir eder. İnsanda büyük ihtimalle bununla ilgili genetik bir kod mevcuttur. Nasıl ki her insanda ortalama bir güzellik anlayışı kodlanmışsa vicdanî güzellikte, karakter güzelliğinde de aynı şekilde bir kodlanma vardır.

***Mesnevi'den* Söz**

***Ey oğul! Hırslı olanlar mahrum kalırlar. Hırslı insanlar gibi hızlı hızlı koşma; yavaş yürü!* (III., 595)**

Olumsuz Düşünce Kalıpları:
İnsanlar bana yakınlaşırlarsa benim "gerçekten" ne olduğum ortaya çıkar ve benden uzaklaşırlar.
İnsanları eğlendirmedikçe ya da etkilemedikçe bir hiçim.

HİKÂYE
Vefasız Doğan Öyküsü

Bir gün padişahın güzel doğanı saraydan kaçtı, yaşlı ve yoksul bir kadının evine gitti. Kadın o sırada yemek yapmak için un eliyordu. O güzel ve bakımlı doğanı görünce yakaladı, ayaklarından bağladı. Sonra: "Belli ki sana iyi bakmamışlar, kanatların fazla uzun, tırnakların da. Merak etme, ben sana iyi bakarım'" diyerek önce hayvanın kanatlarını kısalttı, sonra da tırnaklarını kesti.

Padişah doğanını aramaya çıkmıştı, akşam olunca yaşlı kadının evine geldi. Doğanı o hâlde görünce büyük bir üzüntüyle dedi ki: "Sen yaptıklarının cezasını bulmuşsun, çünkü bana vefasızlık ettin. Cennetten kaçıp, cehenneme sığınmışsın!"

Doğan da kanadını padişahın eline sürüp pişman olduğunu anlattı: "Sen benim aslımı kabul et. Tırnaklarım gitti, ama ben senin oldukça güneşin bile perçemini koparırım. Kanadımdan oldum ama bir dokunuşla feleğe bile oyun oynarım. Bir kemer kuşatsan dağı bile yerinden sökerim. Nemrut'un mülkünü yerle bir ederim."

Değerli Şeyler Korunmazsa Başkalarının Tasarrufuna Geçebilir

"İnsanlar bana yaklaşırlarsa gerçekte ne olduğum ortaya çıkar ve benden uzaklaşırlar. İnsanları eğlendirmedikçe ya da kendimi beğendirmedikçe bir hiçim" yaklaşımları günümüzde doğru bilinen yanlışlardır. İnsanın ruh sağlığını bozan bazı durumlar vardır. Eğer kişinin yanlış inançları tespit edilip düzeltilmezse tedavi tam olarak yapılamaz. Bu yanlış inançlar düzeltildiğinde kişinin önünde engel olarak duran değerler ortadan kalkmış olur.

Hikâyede doğan abartılı sözler söylüyor. Doğanın kaçmasına ve özgüveninin aşırıya kaçmasına bakımlı ve güçlü kanat ve tırnakları neden oluyor. Bu nedenle cennet gibi saraydan kaçıyor. Demek ki insanda yalancı ve aşırı bir özgüvenin olması onun riske girmesine sebep oluyor.

Bu hikâyeyi doğan, yaşlı kadın ve padişah açısından tek tek ele almak lâzımdır. Doğan çok iyi yetiştirilmiş bir hayvan ve karakterinin gereğini yaparak fırsat doğduğunda uçuyor. İçine düştüğü durumdan sonra saraya geri dönmek amacıyla padişahına onun için birçok şeyi yapabileceğini söylüyor. Yaşlı kadın da doğanı yakaladığında onun kaçmaması için tedbir alıyor, zarar vermesini önlemek üzere de tırnaklarını kesiyor. Burada yaşlı kadın sadece doğanı sahiplenme adına hareket ediyor. Padişah ise doğanın kıymetini biliyor ve onu aramaya çıkıyor. Padişah, doğanın kanatları uzun olduğunda kaçabileceğini göz ardı etmiş. Bunun da bedelini ödüyor. Doğanı bulduğunda ve hâlini gördüğünde ise "Cennetten kaçıp cehenneme sığınmışsın" diyerek ona sitem ediyor. Padişah, doğanın karakterinin gereğini yapacağı konusunda ders çıkarmamış. Sadece vefasızlık ettiği üzerinde yoğunlaşırken doğanın kusurunu görüyor ama kendi kusurunu fark edemiyor. Padişah, doğanı suçluyor, doğan da bunun farkına varıyor. Burada mesele üç aktörün de duruma sadece kendi pencerelerinden bakmalarıdır. Değerli şeylerin zarar görme riskini göz önüne almak gerekiyor. Eğer tedbir almazsak değerli şeyler üzerinde başkasının tasarruf etme durumu ortaya çıkabilir. Burada değerli şeylerin yerini bulmasıyla ilgili de bir mesaj var. Doğan için doğru olan yer, padişahın yanıdır. Doğan da bunun farkına varıp abartılı bir şekilde özür diliyor.

"İnsanlar bana yaklaşırlarsa gerçek beni görürler ve benden uzaklaşırlar" yargısında içindeki kötülükleri görenlerin, çevrelerine duvar öreceklerinden, etraflarındakilere güven duymayacaklarından kaynaklanan bir endişe söz konusudur. Bu tarz kişiler, "Nasılsa bir gün benden uzaklaşır" diyerek insan ilişkilerinden kaçınırlar. Hikâyede padişah, doğanın kanadının kesildiğini görünce ve sitem edince doğan ona "Görünüşüm bozuldu ama karakterim bozulmadı, yine bunları yapabilirim" diyor. Yani burada doğan, "Benim görünüşüme değil neler yapabileceğime bak" demek istiyor.

Mesnevi'den Söz

***Hırs ve tamah insanı kör ve sağır eder! Hırs körlüğüne özür yoktur!* (IV., 1075-1706)**

Olumsuz Düşünce Kalıbı:
Tanınmak, övülmek ve hayranlık duyulmak çok önemlidir.

HİKÂYE
Yangın

Hiç kimsenin baş edemediği bir yangın çıkmıştı. Evlerden kuş yuvalarına kadar her şeyi kül ediyordu. Şehrin yarısı yandı. Su döktükçe alevler büyüyordu. Halk koşa koşa Hz. Ömer'den yardım istemeye gitti. Ömer, "Bu yangın sizin cimriliğinizin bir alevidir. Suyla değil, cimriliği çıkarıp ekmek dağıtarak söner bu yangın" dedi. Halk itiraz etti; "Bizim elimiz zaten açıktır." Hz. Ömer bunun üzerine "Siz âdet olduğu için cömertlik yapıyorsunuz. Gelenlere, görenlere uydunuz da elinizi açtınız. Allah için değil, övünmek ve yaptıklarınızı anlatmak için" diye cevap verdi.

Narsistik Kişiliğin İyiliği Gizli İyilik

Hikâyedeki halk cömertlik yapıyor fakat cömertlik Allah rızası için olursa Allah tarafından yardıma vesile olur. Eğer yaptığın iyilik Allah rızası için değil de kendi nefsin içinse Allah'ın yardımı kesilebilir. Cömertlik güzel bir davranış ama Allah'a bakan bir veçhesi yoksa O'nun rızası amaçlanmıyorsa bu davranışın sadece dünyevî, egoyu tatmin edici bir etkisi olur. Kişiyi musibetlerden koruyucu, Allah'ın inayetini çekecek bir boyutu olmaz. Cömertlik insanın kişiliğinde olursa kişi zevk alır. Bazı insanların hakikaten eli açıktır. Ama onu zevk aldığı için yapıyorsa bu cömertlik gerçek cömertlik değildir. Bunun dışında Allah ile bağlantı kuracak cömertlik olmalı ki faydalı olsun. Allah ile bağlantıyı sağlayamayan cömertlik çok işe yaramaz. Cömertlik yaparken "Bu, Yaratıcı'nın memnun olduğu bir cömertlik mi?" diye düşünmek gerekir. Gerçekten ihtiyaç sahibi olanı bulup vermek gerekir. Narsistik kişilerin eğitiminde onlara tavsiye edilen şeylerden biri de gizli iyilik yapmalarıdır. Çünkü nefis, gizli, kimsenin övmediği bir iyilik yaptığımız zaman itiraz eder. Kişi buna rağmen cömert olabilmeyi başarırsa vicdanî zekâsını kullanabiliyor demektir. Kimsenin görmeyeceği şekilde yapılan yardım doğru bir yardım olur. Yaratıcı'yı düşünerek iyilik yaptığınızda karşılık beklemeden iyilik yapmış olursunuz. Bu tür yardımlar insanın sadece öbür dünya için Allah rızasını kazanmasını sağlamaz, aynı zamanda dünyada yaşanabilecek yoksulluğa, musibetlere de mani olur. Hikâyede sadece bir kişinin evi değil bütün şehir yanıyor. Demek ki toplu bir felaket var ve toplu olarak kötülükler çoğalmış. Sahte iyilik, sahte cömertlik yaygınlaşmış. Böyle durumlarda felaket toplu gelir.

Bir çocuk bir şeyi hoşlandığı için yapıyorsa o an mutlu olur. Ama anne-babasının isteklerini dikkate alarak yapıyorsa onların yardımını kazanma şansı artar. Böyle durumlarda ebeveyn ile bağlantı kurmuş olur. Çocuk gözünün ucuyla anneye bakar, anne de çocukla daha fazla ilgilenme ihtiyacı hisseder. Çocuk büyüyüp özerklik duygusu geliştikçe anne-baba da yavaş yavaş geri çekilir. O zaman çocuk düşerse de bedelini öder. Ama çocuk anne-babasından yardım isterse anne-babası onun düşmesini engeller. Aynı bunun gibi, insan da işlerini Allah ile bağlantı kurarak yaparsa O'nun yardımını davet etmiş olur. Çocuğun anne-babasıyla bağlantı kurması gibi, kul da böylece Allah'ın yardımına ihtiyaç duyduğunu ifade etmiş olur.

"Tanınmak, övülmek, hayranlık duyulmak çok önemlidir" düşüncesi kişinin anlık tatmin duymasını sağlar. Evet, bunlar önemli şeylerdir ama iyi ve güzel şeyleri sadece tanınmak, övülmek ve hayranlık duyulmak için değil, iyi, güzel ve doğru olduğu için yapmak gerekir. Aksi hâlde bunların vesile olacağı manevi korumadan, avantajlardan yoksun kalmış oluruz.

İyi ve güzel şeyleri yapmak iyidir ama iyi ve güzeli vereni hakkını göz ardı etmemek de önemlidir. İyi ve güzel bir elbise giyip övünen birini düşünelim. Hemen herkes o kişinin giysisine dikkat eder, "Markası ne?" diye sorar. Eğer markası iyiyse o zaman elbise daha da değerli görülür. Böyle durumlarda "Bu elbiseyi güzelleştiren benim" demek doğru değildir. O elbiseyi dikenin de sanatını vurgulamak gerekir.

İyi bir elbisenin marka değeri kumaş değerinden, işçilik değerinden daha pahalıdır. Marka değeri nedeniyle o elbiseye daha çok kişi talip olur. Daha pahalı olduğu hâlde daha çok satılır. İnsanın güzel huylarının da buna benzer marka değeri vardır. Onu vereni de unutmamak, iyiliği, cömertliği onu veren için yapmak, sahip olunan değerleri onun namına kullanmak gerekir. Sahip olduğumuz değerleri verenle irtibatımızı sağlam tutarsak bize verilen şeyin marka değeri artar O zaman daha çok üretir, bize daha çok hizmet eder. Bunu unutup o elbisenin üzerinden markayı söküp atarsak üzerimizde güzel dursa da o markanın sahibi onu bir daha bize vermek istemez. Çünkü o güzelliğe bencilce sahip çıkmış oluruz. Hâlbuki "Evet, bu beni güzelleştiriyor ama bunu bana verenin de burada hakkı var" dediğimiz zaman onu dikenin de hukukunu korumuş oluruz. Kişinin cömertliği, kendisine cömertlik edecek nimetleri vereni düşünmeden gerçekleşirse bu aldatıcı bir cömertlik olur.

Mesnevi'den Söz

Nefsini alçak gören kişi, ne mutludur. Dağ gibi kendini üstün gören kişinin de vay hâline! Şunu iyi bil ki bu kibir, ululanma, kendini herkesten üstün görme hâli, öldürücü bir zehirdir. Ahmaklar bu zehirli şarabı içerek sarhoş olurlar. (IV., 2746–2747)

Olumsuz Düşünce Kalıbı:
Yaptığım yanıma kâr kalacağı için ortaya çıkacak kötü sonuçlar hakkında endişelenmeme gerek yok.

HİKÂYE
Avcının Hilesi

Bir avcı kuşları kolayca yakalayabilmek için kendini ağaç dalları, otlar ve yapraklarla gizleyip çayırlığa oturdu. Önüne bir tuzak kurup, bir avuç buğday attı. Hiç hareket etmeden beklemeye başladı. Bu sırada karnı iyice acıkmış bir kuş gelip, yakınına kondu. Onu böyle sessiz sedasız oturur görünce:

"Sen ne yapıyorsun burada?" diye sordu.

Avcı:

"Dünyadan elini eteğini çekmiş bir zahidim ben!" diye cevap verdi. "Hiç kimsenin işine karışmıyor, burada kendi hâlimde yaşıyorum..."

Kuş:

"O buğdaylardan biraz yiyebilir miyim?" dedi.

"Bilmem ki!" dedi avcı, "Bir yetimin emaneti bana... Ama karnın çok acıkmışsa gel ye!"

Kuş, avcının gizli niyetlerinden habersiz, onu iyi yürekli ve dünya işlerinden uzaklaşmış bir zahid kimse olarak kabul edip buğdaylara saldırınca, hileci avcının ellerine düştü. Aldatıldığını anladığında ise iş işten geçmiş, tuzakta binlerce feryada başlamıştı.

Avcı:

"Görünüşe ve söylenen her söze inanırsan
sonun böyle olur işte" diyordu.

Tuzağa yakalandıktan sonra feryadın ne faydası var? Uygunsuz hırs ve hevesler canların düşmanıdır. Önemli olan, tehlike gelmeden önce uyanık ve tedbirli olmaktır. Felaket tufanından sonra ağlayıp sızlamışsın, neye yarar?

İlkeli Olmak mı Hırslı Olmak mı?

Aslında avcı, kuşu buğdayların "yetimin emaneti" olduğunu söyleyerek uyarmış. Avcıyla konuşan kuş onun iyi yürekli ve dünya işlerinden uzaklaşmış bir zahid olduğunu kabul ediyor. Avcının "yetimin emaneti" dedikten sonra "Buğdayı yiyebilirsin" demesinden onun güvenilir biri olmadığını anlamıyor ve kendi menfaatine odaklanıp buğdayı yiyor. Böylece tuzağa düşüyor ve yakalanıyor. Avcı da bunun üzerine "Görünüşe ve söylenen söze inanırsan böyle olur" diyerek kuşa ders veriyor. Yani bu hikâyede, kişinin görünüşüne ve söylediği söze, sağlıklı bir muhakeme yaptıktan sonra inanması gerektiği anlatılmak isteniyor. Kuş hırs ve hevesiyle hareket ettiği için canından olma noktasına geliyor. Hırsından dolayı avcının açık verdiğini fark etmiyor. Böylece ilkesiz davranmasının bedelini ödemiş oluyor.

Mesnevi'den Söz
Hile edenin göreceği karşılık hileden ibarettir.
(II., 1591)

Olumsuz Düşünce Kalıpları:
Çoğunlukla diğer insanlar dost değildir.
Diğer insanlar bilerek beni aşağılıyorlar.
Yakın olduğum kişi sadakatsiz veya
güvenilmez olabilir.

HİKÂYE
Aynayım

Bir gün Ebu Cehil, Hz. Peygamber'i (sav) gördü ve "Haşimoğullarından bir çirkin belirdi" dedi. Peygamberimiz "Haddini aştın fakat doğru söz söyledin" dedi. Daha sonra Hz. Ebubekir, Peygamber'i (sav) gördü ve "Sen bir güneşsin, parlayarak dünyayı aydınlattın" dedi. Hz. Peygamber ona da "Doğru söyledin ey Ebubekir" dedi. Bu manzaraya tanık olanlar bunun nedenini sordular. Hz. Peygamber (sav) "Ben bir aynayım, kim bakarsa bende kendini görür" dedi.

Neye Baktığın Değil Nereden Baktığın Önemli

Benzer olay Hz. İsa'nın hayatında da yaşanmıştır. Herkes ona hakaret ediyor, O ise hakaret edenlere güzel sözler söylüyor. Yanındakiler ona neden böyle davrandığını sorduklarında "Her insan kendinde ne varsa onu verir" diyor. İnsanların birbirinin aynası olduğunu düşünürsek, karşımızdakinde kendimizi görürüz. Olaylara güzel bakan güzel yanını, çirkin bakan da çirkin yanını görür. Güzel bakan güzel düşünür ve hayattan lezzet alır. Bir bahçeye iyi gözle bakan kişi çiçekleri, kuşları, ağaçları görür ve huzur duyar; kötü bakan ise çöpleri, yığınları görür ve kendini huzursuz hisseder. Aslında seyredilen bahçe aynı bahçedir. Bu rivayette de peygamber aynı kişidir. Fakat Ebu Cehil çirkin ve kötü gözle baktığı için çirkin görüyor, Hz. Ebubekir ise güzel ve iyi gözle baktığı için Peygamberimizi (sav) güneş gibi görüyor. Buradan iyi, kötü, çirkin gibi kavramların izafi olduğunu ve kişinin neye baktığıyla değil, nereden baktığıyla alakalı olduğunu anlıyoruz.

Hikâyedeki olayı analiz edersek; Ebu Cehil'in karşısında peygamberliğini ilan eden biri var. Bu, Ebu Cehil'in o bölgedeki hâkimiyetini zedeleyecek bir durum olduğundan onun asıl direnme ve bu şekilde düşünme sebebi hâkimiyetini kaybetme endişesidir. Yani "Muhammed peygamber mi, değil mi?" sorusundan evvel "Benim menfaatimi zarara uğratır mı?" sorusunu soruyor. Onun için yanlış yerden bakıyor ve içindeki çirkinliği yansıtıyor. Hz. Peygamber'in verdiği bu cevaplar olaya şahit olan insanlarda merak uyandırıyor. Aslında bu bir eğitim taktiğidir. Çünkü merak, ilmin hocasıdır. Merakın ardından öğrenme gelir. Merakla sorulmuş bir sorunun ardından gelen cevap daha çok akılda kalacağı için Hazreti Peygamber'in bu metodu kullandığını görüyoruz. Cevabı bilerek eksik söylüyor ve oradakilerin merak edip neden öyle söylediğini sormaları üzerine yaptığı açıklamayla verdiği cevapları tamamlıyor ve açıklığa kavuşturuyor. Böylece insanlar bundan bir ders çıkarıyorlar. Mevlana hikâyeyi anlatırken, bu yöntemin de örnek alınmasını istemiş olmalı. Dost kimdir? Bir kimseden aksi bir hareket görmedikçe onu dost kabul etmek gerekir. O nedenle insan dostlarına hüsnü zan ile yaklaşmalıdır. Yakın çevresini öncelikle iyi niyetle değerlendirmelidir. Kuşku ikinci planda kalmalıdır. İnsan kuşku duygusunu çokça hayatına alırsa, herkesten kuşkulanmaya kalkarsa beyin hep savunma hâlinde çalışır ve her şeyi sorgular hâle gelir. Kimseye güvenemez, devamlı tedirgin olur.

O yüzden dostluğu kuvvetle muhtemel kişilere öncelikle iyi niyetle bakılmalıdır. Ancak bu gibi durumlarda insan "ya yanılırsam" diye düşünür. İnsanın aldatılması bir risktir ancak kuşkuyla yaşamanın sebep olduğu mutsuzluk, huzursuzluk da az değildir. Sürekli mutsuz olmaktansa aldatılma riskini göze alan bir tavır alış daha mantıklıdır.

Bir adam dost bildiği biri tarafından kandırılmış ve ağlıyormuş. Yanındaki biri "Değer mi? Seni kandırdı diye ağlıyorsun" demiş. Adam da "Aldatıldım diye değil, ona olan güvenimi kaybettiğim için ağlıyorum" diye cevap vermiş.

Kastettiğimiz, körü körüne güvenmek değil, kuşkuyu da istisna olarak elde bulundurmaktır. Kodak firmasının kurucusunun bir hikâyesi anlatılır: Fotoğraf makinesini icat ettikten sonra arkadaşıyla Afrika'ya aslanların fotoğrafını çekmeye gitmiş. İki Afrikalı yerli rehberlik edip silahla güvenliklerini sağlıyormuş. Arkadaşı "Bu yerlilere nasıl güveniyorsun? Bırakıp gitseler bizi aslanlar yer" deyince Kodak, "Ben yanıma aldığım kişilere güvenmezsem iş yapamam ki" diye cevap vermiş. Kuşkuyu alışkanlık hâline getirmiş insanlara karşı dürüst olup "Kendi doğrularımdan vazgeçmem" dediğiniz zaman ilişkide biraz mesafe kat edebilirsiniz.

Mesnevi'den Söz

Ayna niçin yansıtmıyor biliyor musun? Çünkü yüzünden pas temizlenmemiş. (I., 81)

Olumsuz Düşünce Kalıbı:
Eğer bir sorunu görmezden gelirsem
o sorun ortadan kalkar.

HİKÂYE
Diken Öyküsü

Adamın biri yol kenarında diken ekiyordu. Güzel sözlü, ama sert huylu biriydi.

Diken ektiğini görenler onu kınadı. Dikenler çoğaldıkça gelip geçenlerin ayaklarına batıyordu.

Yoksulların ayakları paramparça oluyor, zenginlerinse elbiseleri yırtılıyordu.

Vali emir verdi ve adama dikenleri sökmesini bildirdi. Adam sökeceğini söyledi, ama hep, "Yarın yaparım" diye erteledi. Yıllar geçtikçe dikenler gürleşti, adam ise onları sökecek güçten düştü.

Ne Yaptığın Kadar Nasıl Yaptığın da Önemlidir

Birinin diken ekmesi, onun topluma zararlı şeyler yaptığını gösterir. Adam yaptığının yanlış olduğunu biliyor ama hatasından dönmeyi sürekli erteliyor. Sürekli ertelemenin sonucunda da daha büyük bir bedel ödemek zorunda kalıyor.

Diğer boyut ise güzel sözlü ama sert huylu insanların farkında olmadan etraflarındakilere karşı diken eken insanlar gibi olduğu şeklinde düşünülebilir. Sosyal hayata, insan ilişkilerine diken ekiyorlar ve ektikleri dikeni sökmeyi hep erteliyorlar. Sert huylu insanlar, güzel sözlü bile olsalar yaptıkları işler diğer insanları incitir. Bir bitki ekiyorsun, o ortamı yeşertiyorsun ama bunu yaparken sert yöntemler kullanıyorsun. İnsanlara zarar verecek bitkiler ekiyorsun. Hâlbuki diken olmayan bir bitki ekse bütün insanlar ondan faydalanacak. Örnekle meseleyi biraz daha açacak olursak: Bir insana bir kalemi güzellikle vermek var, bir de fırlatarak vermek var. Güzel bir hareketi sert biçimde yapmak, ot yerine diken ekmek gibidir. Böyle bir durumda insanlar sana "yapma" dedikçe yapmaya devam edersen güçten düşer ve yalnızlaşırsın. İnsanın ne yaptığı kadar nasıl yaptığı da önemlidir. Tercih edilen, iyi şeyleri doğru yöntemlerle yapmaktır. Birine ilaç vereceğiniz zaman o ilacı draje şeklinde, tatlı hâle getirerek veriyorsunuz; kişiyi korkutmadan, canını acıtmadan. Verdiğiniz şey aslında acı ama güzel bir ambalajla sunduğunuz için iticiliği kalmıyor. Diğer taraftan da tatlı bir yiyeceği acı bir drajeyle kaplarsanız insanların onu ikinci defa alması zorlaşır. Yaptığımız işin içi güzelse dışı da güzel olsun. Ağızdan vereceğimiz ilacı damardan verirsek hastayı öldürürüz. Verdiğimiz şey onun ilacı ama usul yanlış olduğundan, yanlış yolu kullandığımız için hastaya zarar veririz.

Hikâyeden çıkan diğer bir mesaj ise "Yapılan kötü şeyler de iyi şeyler gibi yayılma istidadındadır" şeklindedir. Problem küçükken tedbir alınmazsa büyür. Küçük adımlar kıvılcımlar gibidir. Kıvılcım küçüktür ama koca binaları yakabilir. Küçük yanlışlar da belki önemsiz görünür ama önemli şeylere sebep olabileceği için tehlikelidir. Küçük görülen basit hatalar felaketlere yol açabilir. Tıpkı bir harmana düşen kıvılcımın tüm harmanı yakması, yok etmesi gibi.

***Mesnevi'den* Söz**

***Kötü dostla ünsiyet belaya bulaşmaktır…* (II., 1425)**

Olumsuz Düşünce Kalıpları:
Utanç doluyum.
Berbat birisiyim.

HİKÂYE
Suyun Nasihati

Su pis bir adama:

"Ey pis adam, koş bana gel ki seni temizleyeyim" dedi.

Pis adam:

"Sudan utanıyorum" dedi.

Bunun üzerine su:

"Eğer utanırsan nasıl temizleneceksin, bu pislik benim dışımda nasıl temizlenir?" dedi.

Gönül ten havuzunda çamura bulandı, ama ten gönül havuzunda temizlendi.

Temizliği Amaçlamak Pis Şeyleri Kendiliğinden Yok Eder

İnsanın kendini utanç içinde, berbat hissetmesi kendine karşı yanlış bir inanışıdır. Adam sudan utandığı için suya girip temizlenmiyor. Pis insanın temizlenmesi için temizlenme talebinde olması lazım. Aslında temizlenmek isteyen insanı temizleyecek şeyler hazırda bekliyor. Bazı insanlar kendisine yardım edecek insandan utanabiliyor. Bazı insanlar "Berbatlığı nasıl gideririm, utançtan nasıl kurtulurum?" demek yerine "Ben berbat biriyim" diyerek bir bakıma talihlerinden şikâyet etmeyi bir sığınak hâline getirirler. Kişi, bunun yerine çözüm odaklı düşünmelidir. Gönlün, ten havuzunda çamura bulanmış ama gönlünü düzeltmen gerekiyor. Gönlünü güzel şeylerle doldurursan kötü şeyler kendiliğinden gider. Bir havuzu temizlemek için en doğal yöntem, akarsudur. Havuza devamlı temiz su girerse bir müddet sonra su temizlenir. Bu sebeple akarsular hiçbir zaman kirli olmaz. Durgun sularda mikrop olur. Mevlana diyor ki "Gönül havuzunda temizlen, böyle olunca bedenin temizlenir. Havuzuna güzel duyguları doldur. O zaman utanmana lüzum kalmaz: Kirler kendiliğinden kaybolur."

Kötülükle mücadelenin esası, iyiliklerle donanmaktır. Kötülükle mücadele, kirlilikle mücadele gibidir. Temizliği artırmak, temizliği amaçlamak; kiri temizlemekten daha kolaydır, kirliliği kendiliğinden yok eder.

Temizliği amaçladığın zaman temizlenirsin. Kötülüğe bulaşmış olsan bile ümitsizliğe düşmek, "Berbat biriyim" demek kendini yanlış kodlamaktır. Mevlana yanlış zihin kodlarını değiştiriyor. Kişiyi mutsuz eden, hastalıklı düşüncelerin başlamasına sebep olan yanlış kodların yerine doğru zihinsel kodlar veriyor. Yanlış kodları düzeltiyor. "Berbat biriyim" diyen insan, öğrenilmiş çaresizliğe yönelmiş olur. Kendisini bu şekilde etiketleyerek bu sözleri bir bakıma kaderi hâline getirir. Ümitsizliğe düştüğümüz anki inançlarımız, kaderimiz olur. Temizlenmek istiyorsan, suyun sesini duyacaksın, sudan utanmayacaksın.

Hikâyede gönül kalbî duyguları, ten de nefsî duyguları temsil ediyor. Gönül; yeme, içme, şehvet gibi duygularla kirlenir fakat gönül havuzunda temizlenir. Yani kalp, kalbî duygular daha yoğun olursa çamuru silip süpürür. Çamurla mücadelenin en güzel yöntemi, kalpte iyi duyguların artmasıdır. "Çamur kötüdür" demek yerine bol bol su bulmaya çalışmak gerek.

Mesnevi'den Söz

Peygamberler dediler ki: Allah, çekinip kurtulmaya imkân bulunmayan sıfatlar yaratmıştır. Fakat arızî sıfatlar da yarattı ki onları terk etmek mümkündür. Herkesin nefretini kazanan kişi, o sıfatları terk eder, huylarından vazgeçerse herkesin sevgisini kazanır, herkes ondan razı olur. (III., 2909–2910)

Olumsuz Düşünce Kalıbı:
Ben bir hayal kırıklığıyım.

HİKÂYE
Dua Öyküsü

İmanı güçlü biri her gün dua ediyordu. Bir gün İblis ona: "Bütün bu yalvarmalarına rağmen Allah'tan hiçbir cevap gelmiyor. Neden boşu boşuna dua ediyorsun?" dedi.

Adamın morali bozuldu. Uykuya yattı. Rüyasında Hızır'ı gördü.

"Neden dua etmekten vazgeçtin?" diye sordu Hızır.

Adam, dualarının cevapsız kaldığını söyledi. Bunun üzerine Hızır ona:

"Senin ya Rabbi demen, bizim sana olan cevabımızdır. Senin çare arayışın, bizim seni kendimize çekmemizdir. Senin sevgin, bizim lütfumuzun kemendidir. Biz izin vermedikçe hiç kimse dua edemez" dedi.

Dua Kapı Çalmaktır, Sonrasına Karışmak Haddi Aşmaktır

Dua edebilmek kısmettir, kapı çalmaktır. Görünürde cevapsız kalmak reddedilmek değildir. Cevapsız kalmak da bir cevaptır. Cevapsız kalmak, "Dur, düşün, yeniden başla" şeklinde değerlendirilebilir. Her şeye gücü yeten, her şeyi bilen bir güç gerektiğinde cevapsız bırakmayı da bir metot olarak kullanabilir. Duaya karşılık gelmemesi bir bakıma "Sana ne zaman yardım edileceğine ben karar veririm" mesajını içerir. Doktora giden bazı hastalar "Ben illâ ki şu ilacı isterim" diye inat ederler. Biz de doktorlar olarak böylesi bir durumda örneğin; "Sen mühendissin, ben doktorum. Ben mühendislikten anlamam, sen de doktorluktan anlamazsın. Onun için neyi nasıl yapacağımın kararını ben veririm" deriz.

Kişinin "doğru" bildiği şey mutlaka onun için faydalı olmayabilir. Onun için, bir insanın duasına illâ ki istediği şekilde cevap verilmesini beklemesi onun kulluk sıfatını, haddini aşması demektir. Tıpkı bir hastanın doktora gidip "Bana illâ ki şu ilacı yaz" demesi gibidir. Bu, o kişinin hasta kimliğine uymayan bir davranıştır. Hekim "Arkadaş, senin hastalığına o ilacın hiçbir faydası yok" dediğinde o kişiye kötülük yapmış olmaz.

Kesitsel düşünen kişi sadece o anki mutluluğunu önemser ama bütünsel düşünen bir kimse hayat boyu kendisi için faydalı olanı görür. O yüzden bir insanın, duasına cevap beklerken bütünsel düşünmesi gerekir. Hem dünya hayatını hem ahiret hayatını düşünmesi lazımdır. Dua edebiliyor olmak bile aslında bir bakıma gemiye girmiş olmak demektir; kaptan köşküne henüz ulaşamamış olsak da en azından limanda kalmadık. Kaptan köşküne ulaşmak istiyorsak da onun zaman ve şartlarına uymalıyız. Gemiye giremediysek işte o zaman asıl kaybedenlerden oluruz. Bu nedenle, insanın dua edebilmesi bir bakıma Rabbinin sahil-i selamete götüren gemisinin bir ferdi olduğunun göstergesidir. Bir kulluğun, bir aidiyetin göstergesidir. O nedenle dua edebiliyor olmak da bizim sahiplenildiğimizi kabul edildiğimizi gösterir.

Dua kapı çalmaktır. Kapının ne zaman açılacağının kararını ev sahibine bırakmalıyız. Biz sadece talep ederiz. Unutmayalım ki, hakkıyla istemenin bir şartı da talebe cevap verecek konumda olanın karşısında hadsizlik yapmamaktır.

***Mesnevi'den* Söz**

Allah bize yardım etmek dilerse, bize yalvarmak ve münacatta bulunmak meylini verir. (I., 1904)

Olumsuz Düşünce Kalıbı:
İnsanların beni görmezden gelmeleri
berbat bir durumdur.

HİKÂYE
Büyük Savaş

Şehit olmak isteyen bir sufi tam doksan kez savaşa katılmıştı. Adı Ayyazi idi. Sufinin bütün vücudu yaralanmıştı. "Şehitlik gönül işi" diyordu.

Böylece artık savaştan vazgeçip kendisini dünyadan çekmeye karar verdi. Nefsiyle savaşmaya başladı. Bir gün çeng sesleri duydu. Nefsi, "Haydi, kalk, savaşa git" diyordu. Ama Ayyazi direndi ve nefsine teslim olmadı.

"Savaşta vurulur ölürüm. İnsanlar da benim ne yiğit, ne kahraman biri olduğumu görür. Ama beni nefsimle savaşırken kimse görmüyor. Gösteriş için değil, yalnızca Allah için savaşmış oluyorum. Öyleyse küçük savaşa değil, asıl büyük savaşa devam edeceğim."

En Büyük ve Zor Savaş İç Dürtü, Arzu ve Eğilimlerle Yapılandır

Bir kimse gösteriş için savaşıyorsa bu, onun savaşta samimi olmadığını gösterir. Samimi olmayan şeyler öze aykırıdır. Eğer iyi şeyler yapmak istiyorsak bunları mümkün olduğunca gizli yapmamız gerekir. "Bir elin verdiğini öteki duymasın" öğüdü bunun bir tezahürüdür. Allah katında en makbul olanlar gizli ve sessiz iyiliklerdir.

Hikâyede Ayyazi'nin niyeti şehit olmak. Fakat bunu yapmak isterken nefsi de onun yiğit olarak anılmayı istemesini sağlıyor. Nefsinin etkisiyle saf niyeti bozuluyor.

İnsan davranışlarının çeşitli motivasyonları vardır. Davranışlarımızı analiz ederken birincil ve ikincil motivasyonumuzun ne olduğuna bakabiliriz. Ayyazi şehit olmak istiyor ama birincil motivasyonu arkasından "Ne yiğit, ne kahraman!" denilmesini istemesi. Nefsinin etkisiyle saf niyeti bozuluyor. Bu durum şehitlik özüne aykırıdır. İkincil motivasyonu ise "şehit olmak". Hâlbuki kişi için değerli olan düşünce, Allah rızası için savaşa gitmektir. Arkasından söylenecek güzel sözler ise bu davranışın motivasyon görevini üstlenebilir. Nihayetinde Ayyazi'nin katıldığı savaşlarda şehit olmaması, onun gerçek şehit olması için bir kapı açıyor. Ayyazi bunu fark ettiğinde de insanın asıl cihadının nefsiyle yaptığı cihad olduğunu anlıyor.

Herkesin gıpta ile baktığı biri olmak her zaman iyi değildir. Hadis-i şerifte "Allah'ın korudukları müstesna, dinî ve dünyevi işlerde parmakla gösterilmek kişiye şer olarak yeter (Tirmizi, Sıfatu-l Kıyamet, 21)" deniyor. Allah'ın koruduğu kulları ise ihlaslı olan yani işlerinin özünü Allah rızası oluşturan insanlardır. Dağa görünürde iple tırmanırken seni koruyanın ne olduğunu bilirsen sorunsuz yürürsün, hedefine ulaşırsın. Ama "Ben neymişim" dediğin an ipteki cambaz gibi dengen bozulur ve tepetaklak aşağı gidersin. Mesela dağda bu tür aktivitelerde bulunanlar ufak bir dengesizlikte giderler: Toplum önünde olanlar da yanlış bir söz söylediklerinde anında itibarlarını kaybederler. İnsan bu konuda dikkatli davranmıyorsa öyle bir hata yapabilir ki neticede kendi kendini mahvedebilir. Bu hadis-i şerif de yapılan işlerde bulunması gereken ihlasın önemini vurgularken, ihlassız girişimlerin kişiyi nasıl olumsuz etkileyebileceğinin altını çiziyor.

***Mesnevi'den* Söz**

***İnsanın yarısı ayıptandır, yarısı gaybdan.* (II., 3035)**

Olumsuz Düşünce Kalıbı:
İlgi merkezi olmalıyım.

HİKÂYE
Oduncu Öyküsü

Adamın biri rüyasında yüce kişiler gördü ve onlara kısa yoldan nasıl helal rızık bulabileceğini sordu.

Adamı alıp ormana götürdüler ve ona çeşitli meyveler verdiler. Yediği meyvelerin tadı benzersizdi, üstelik kolayca elde edilebiliyordu. Bunun üzerine adam cebindeki parayı bir yoksula vermeye karar verdi.

"Nasıl olsa artık benim rızık aramaya ihtiyacım yok" dedi kendi kendine.

Bir yoksul gördü. Odun taşıyordu. Yorulmuştu. Parayı ona vermeye karar verdi. O yoksul da Allah dostlarındandı. Adamın niyetini anlayıp yanına gitti. Odunlarını sırtından indirdi,

"Allah'ım, iyi kullarının hakkı için bu odunları altına çevir' dedi.

Adam odunların nasıl altına dönüştüğünü gördü ve hayretler içinde kaldı. Derken oduncu bu kez:

"Allah'ım, yüce kişiler tanınmaktan kaçınırlar, onun için bunları tekrar odun yap"

dedi ve altınlar tekrar oduna dönüştü. Sonra oduncu odunlarını yüklendi ve tekrar şehrin yolunu tuttu.

Ne Kadar Emek O Kadar Helal Rızık

Oduncu az ama helal kazandıran bir iş yapıyor. Hâlbuki odunları altına çevirmesi için dua ettiğinde Allah onun duasını kabul ediyor. Ancak oduncu hayatını kolay kazanmanın peşinde değil. O yüzden adamın parasını da istemiyor. Aslında burada bir bakıma bize kaynak yönetimi dersi de veriliyor: "İnsan, kısa yoldan helal rızık kazanacağım diye kerameti dahi kullanmamalıdır. Gerçek helal rızık, alınteriyle kazanılandır." Alınteri, emek olmadan elde edilen kazanç, demek ki insanı helalden uzaklaştırıyor. Bu nedenle Mevlana "Kısa yoldan kazanmak için bile elindeki imkânları ön plana al ve doğru şekilde kullan. Bolluk içinde olsan bile israf etme. Helal budur" diyor.

Kaynak önce üretilir sonra tüketilir. Bir kimsenin eline üretmeden hazır bir kaynak geçse bile onu üretilmiş bir kaynak gibi tüketmesi gerekiyor. İnsan emek vermediği şeyin kıymetini bilmez. Mesela psikiyatrik görüşmede terapist hastaya birtakım bilgiler aktarır, hasta o bilgiyi seansın ücretini ödeyerek satın almış olur. Bu kanaatin de terapötik bir değeri vardır. Onun için bazı psikanalistler hastalarına kredi kartı kullandırmazlar. Kişinin parayı nakit olarak vermesi sağlanır. Bu durum, o kişide aldığı bilginin daha kalıcı olmasını sağlar. Bunu örnekleyen şöyle bir olaya tanık oldum: Bir hanım, terapi için kız kardeşini getirmişti. Kız kardeşi ücretsiz seans olacak diye biliyormuş. Sonradan ücret verileceğini öğrenmiş. Eve gittikten sonra ablasına, "Ben aslında ilaçları kullanmayacaktım. Fakat senin para verdiğini görünce kullandım" demiş. Bu yaşanmış örnekte de net bir şekilde görüldüğü üzere, insan emek vermediği ya da bedel ödemediği şeyleri zihninde değersizleştiriyor.

O yüzden "Kulağa küpe olsun" lafı boşuna söylenmemiş. Kişi yaşadığı tecrübelerde ya bir bedel ödeyecek ya da canı yanacak ki aldığı bilgiyi kalıcı belleğe koyabilsin. Bilginin kalıcı bellekte yerleşebilmesi için o bilginin duygu boyutunun da olması gerekiyor. Duygu boyutu ya ödüldür ya da ceza. Mesela yemek yerken deprem olsa o yemek asla unutulmaz. Çünkü bilgi esnasında kişinin hissettiği bir duygu katılmıştır sürece. O duygu sayesinde kalıcı bilgi oluşur ve unutulmaz. Bunun gibi bedeli ödenen, bir emek karşılığı olan bilgiler insan belleğinde kalıcı belleğe yerleşir.

Hikâyede o kişinin ormanda bolluk içerisindeyken parasını har vurup harman savuracağına, emek verip kazanması gerektiği, makbul olanın o olduğu vurgulanıyor. O yüzdendir ki gece namazı olan teheccüd çok makbuldür. Çünkü herkes yatarken namaza niyet eden kişi, nefse tatlı gelen gece uykusunu bölüp ibadete kalkmıştır. Kişinin nefsinin çıkardığı engellere rağmen yapılan ibadetler daha sevaptır.

İnsanlar ibadet hayatlarının başında büyük bir heyecan duyarlar. Kişi ibadetini büyük bir zevkle yaparken bir müddet sonra o heyecan diner. Ancak kişi artık heyecan duymasa da nefsine zor gelse de ibadetine devam ederse asıl ibadet o olur. Zor öğrenmeler bunun gibidir ve kalıcı bellekte kalır. Önemli olan gayret edip, emek verip alınteri dökerek kazanmaktır.

***Mesnevi'den* Söz**

***Mal ve para baştaki külah gibidir. Külaha sığınan ise keldir. Kıvırcık ve güzel saçları olan kişiye gelince: Külahı giderse ona daha hoş gelir.* (I., 2343-2344)**

Olumsuz Düşünce Kalıbı:
Başkalarının benim hakkımda ne düşündüğü hiç önemli değil.

HİKÂYE
Çirkin Ses

Sesi çok çirkin olan bir müezzin vardı. İnançsızların da yaşadığı bir ülkede ezan okurdu. Ne dedilerse dinlemedi, ezan okumayı sürdürdü. Bir gün bir kâfir elinde bir elbise, bir mum ve helvayla çıkageldi.

"Nerede o müezzin? Sesi insanın huzurunu arttırıyor" dedi ve müezzini aramaya başladı.

"Kendine gel, o çirkin sesli müezzinden kime huzur gelir ki?" dediler.

Adam asıl niyetini söyledi:

"Müslüman olmaya niyetlenmiş bir kızım vardı. Ben de bu yüzden acı çekiyordum. Sonra kızım o ezanı duyup bunun bir Müslüman âdeti olduğunu öğrenince Müslüman olmaktan vazgeçti. İşte kimsenin yapamadığını o müezzin yaptı" dedi ve getirdiği armağanları müezzine sundu.

Estetik Değerleri İhmal Etmek İnsanları İyi, Doğru ve Güzelden Uzaklaştırır

Burada iki mesele var; biri müezzin açısından, diğeri müezzini dinleyenler açısından. Müezzine herkes sesinin kötü olduğunu, insanlar üzerinde itici bir etki bıraktığını söylüyor ama o "Benim niyetim iyi, başkalarının ne düşündüğü önemli değil" diyerek ezan okumaya devam ediyor. Yani başkalarının düşüncesini dikkate almıyor. Belki de sesinin çirkin olduğunu kabul ediyor fakat estetik değerlere önem vermiyor. Kullanılan metodun önemini göz ardı ediyor. Sonuç olarak da Müslüman olmaya niyetlenmiş bir kişinin niyetini bile terse çeviriyor.

Allah güzeli sever. Güzellik, Allah'ın "Cemâl" ismiyle ilgilidir. Hatta Celâl'in üzerine Cemâl örtüsü örtülünce Kemâl'in oluştuğu söylenir. Bu hikâyede çirkin bir ses var; müezzin bir de Celâl özelliğini kullanıyor. Günlük hayatımızın başka alanlarında da bu tür şeylerle karşılaşmak mümkün olabiliyor. Bir gün sakallı bir adam otobüse binmiş, davranışları çok itici olduğu için herkes rahatsız olmuş ve adamın yanından uzaklaşmış. Adam sakallarını şöyle bir tutmuş ve "Allah'ın Celâl'ine bak, nasıl kaçırdım herkesi" demiş. Bu, Cemâl'siz bir Celâl olduğu için Kemâl'e erişilemiyor, insana zarar veriyor ve sonuç hüsran oluyor. Ezan okurken Allah'ın Celâl sıfatıyla ilgili bir ilan yapıyorsun. Buna Cemâl de eklemelisin ki Kemâl olsun ve Kemâl'e muhabbet olsun. Celâl'in tek başına ortaya çıkması muhabbeti azaltıyor.

Hikâyede estetik değerlerin iyiyi, doğruyu, güzeli anlatmasındaki rolüne vurgu var. Diğer insanların getirdiği, içinde öneri olan eleştirilere kulak tıkamak; insanın amacına hizmet etmediği gibi kişinin kendisine de başkalarına da zarar verir. İçinde öneri olan eleştiriye açık olmak, insanın hata yapmasını önleyerek kendini geliştirmesini sağlar. "Başkalarının benim hakkımda ne düşündüğü önemli değil" gibi bir zihinsel kodla hareket eden bir kimse, çantasında bulunan yılandan, akrepten haber veren kişiye değer vermediği için, karşılaşacağı kötü sonuçlara da katlanmak zorundadır.

Mesnevi'den Söz

Bilgi sahibi olmanın yolu sözledir. Sanat bellemenin yolu işle. (V., 1062)

Olumsuz Düşünce Kalıbı
Eğer bir şey istiyorsam onu elde etmek için ne gerekirse yapmalıyım.

HİKÂYE
Tutku

Vaktiyle bir ülkenin yönetimini üstlenmiş olan Hükümdar, yanında has adamları olduğu hâlde ava çıkmıştı. Seyisin seçtiği en çevik ve en güzel ata binmiş, yanına burnu her türlü kokuya duyarlı av köpeklerini almış, av mevsiminde, ormanda av kolluyordu. Bir orman köyünden geçerken güzellikte cennet kızlarını aratmayan bir cariye gördü. Görünce hemen gönlünü kıza kaptırdı.

Adamlarına:

"Kabul ederse derhal bedelini ödeyin, bizimle gelsin" diye emretti.

Sordular, cariye, sahibinin de rızasıyla katıldı Hükümdar'ın heyetine. Av bitince saraya döndüler. Hükümdar, eş edindi ve tutkuyla bağlandı ona. İnsandı bu, hep aynı kararda durmuyordu. Kadın hastalandı, şiddetli bir ateşle yataklara düştü. Ülkede ne kadar ün yapmış doktor varsa çağrıldı.

Hükümdar:

"Benim sağlığım önemli değil, şimdi sizi canımın canı için çağırdım. O hasta. Her kim onun iyileşmesini sağlarsa, hazinemin kapıları ona sonuna kadar açılacaktır" dedi.

Hekimler aralarında bir heyet seçerek derhal işe koyuldular. Hastayı defalarca muayene ettiler. Doğru teşhis koyabilmek için çabaladılar. Hekimbaşı, merak içinde bekleyen Hükümdar'a:

"Sultanım..." dedi. "Siz kaygılanmayın, onu tedavi edeceğiz, elimizde çeşitli ilaçlar var."

Tedaviye başladılar.

Aradan günler geçti. Cariye bir türlü iyileşmiyor, günden güne eriyip gidiyor, sararıp soluyordu. Hükümdar, doktorların çaresizliğini görünce, iki rekât namaz kılarak istiğfarda bulundu, ellerini açıp dua etmeye başladı.

Bu hâldeyken uyuyakaldı.

Düşünde ak saçlı bir ihtiyar:

"Müjdeler olsun ey Hükümdar!" diyordu. "Dileğin kabul edildi. Yarın sarayına bizden biri gelecek, onu hemen kabul et ve hastanı göster."

Hükümdar sevinçle uyandı. Sabahı pencereden gözledi. Güneşin ilk ışıklarıyla birlikte bir pir çıkageldi. Hükümdar hemen kapıları açtırdı, buyur etti adamı. Hâl hatır sorup söyleştikten sonra kadının yanına götürdü. Adam, kadını muayene etti:

"Hekimleriniz onu mahvetmiş!" dedi. "Şimdi herkes çıksın odadan, onunla yalnız kalmalıyım."

Odayı boşalttılar.

Adam, kadının nabzını tuttu, kadına kim olduğunu, memleketini, hayatını, ailesini sordu. Bütün sırlarını öğrendi. Nabzını tutarken hangi adı söylediğinde fazla atıyorsa onun üzerinde durarak daha ayrıntılı sorular sordu. Kadın, Semerkant'tan ve Altın'dan söz edilince heyecanlanıyor, nabzı fırlıyordu.

Adam, Hükümdar'a giderek,

"Senin cariye..." dedi. "Semerkantlı bir kuyumcuya âşık. Buna gönül hastalığı denir. Sevgilisine kavuşmazsa kesin ölür, artık sen bilirsin."

Hükümdar, gönül hastalığının önü alınmazsa ölümcül olduğunun farkındaydı. Derhal adamlarına emir verdi. Semerkant'taki kuyumcuyu bulup getirdiler. Onları evlendirdi.

Karasevda ve Duygulara Hükmedebilmek

İbn-i Sina kendi döneminde Horasanlı vezirin hasta kızını tedaviye gidiyor. Kızın âşık olduğunun farkına varan İbn-i Sina kızın sevdiğini bulmak için nabzını tutuyor. Söylenen isimlerden birini duyan kızın nabzı yüksek atmaya başlıyor. Böylece nabız ile hastalık ilişkisini görmüş oluyoruz. İbn-i Sina buna gönül hastalığı ismini veriyor.

Yukarıdaki hikâyeye gelirsek kişinin hükümdar olması, çok istediği bir şeyi elinde tutmak için yeterli olmuyor. Yani aşk ferman dinlemiyor. Aşkın bir boyutu vardır ki muhakemeyi bozar, sağlıklı karar vermeyi engeller. İnsan sevdiğine kavuşsa bile sevdiği kişide var olana değil, onda aradığı özelliklere âşık olur. Aşk bir hastalık hâline gelir. Sürekli hayalindeki kişiye ulaşmaya çalışır ama bir türlü hayalindeki kişiyle sevdiği kişi aynı kişi olmaz. Böyle durumlarda bağlanmayla bağımlılık arasındaki farkı iyi değerlendirmek gerekir. Bir insan eşine, annesine bağlanabilir ama bağımlı hâle geldiği zaman sorun vardır. Belli şartlarda uzaktan sevmeyi başarmak gerekiyor çünkü bazen sevgi insana yanlış şeyler yaptırabiliyor. Sevginin insanı gerçeklerden koparmaması lazım.

Bu hikâyenin aşkı sorgulatan bir boyutu da var. Aşkın ne derece güçlü bir duygu olduğunu, insanın aşk sebebiyle birçok dünyevi avantajı elinin tersiyle itebileceğini gösteriyor. Böyle bir durumda güçlü bir insan geniş imkânlarıyla bir insanı zorla, parayla elde edebiliyor ama o güç kendini sevdirmeye yetmiyor. Bir insanın gönlünü etkileyebilmek için para, güç ve hatta sevgi de yetmiyor. Hikâyemizdeki Padişah da bunun farkına vararak "Bana yâr olmuyorsa kimseye yâr olmasın" dememiş.

Ayrıca bu hikâyede depresyon, melankoli, karasevda hastalıklarının teşhis edilebileceğini görüyoruz. Bu tür hastalıkların sevgi nesnesinin kaybıyla ilgili bir psikolojik travma olduğunu söyleyebiliriz. Sevgi nesnesi kişi için bir bakıma hayata bağlanma objesi olur. Âşık "O olmazsa yaşam sebebim ortadan kalkıyor" diye düşünür. Dünyaya "Onunla birlikteysem değerliyim, o yoksa değersizim, hayatta değilim" diyerek bakar. Padişah, bu hastalığa yakalanan cariyeye karşı faziletli davranıyor, sevdiğiyle evlenmesine müsaade ediyor. Sergilediği davranışla, kızı gerçekten sevdiğini de göstermiş oluyor. Padişahın sevgisi bencil bir sevgi değil; değer veren, soylu bir sevgi.

Kız açısından da şunu görüyoruz: Her ne kadar padişahın cazibesine kapılıp cariyeliği kabul etmişse de o da duygularına söz geçiremiyor, gönlüyle baş edemiyor.

Mesnevi'den Söz

Bu ümmette beden çarpılması yoktur. Fakat ey akıllı fikirli adam, gönül çarpılması vardır. (V., 111)

Olumsuz Düşünce Kalıpları:
Yaptığım bir işte herhangi bir hata ya da kusur felakete yol açabilir.
Kusurlar, eksikler ya da yanlışlar hoş görülemez.
Ayrıntılar son derece önemlidir.

HİKÂYE
Testideki Su

Yoksul bedevi, çadırda karısıyla oturuyordu. Karısı yakınıyordu:

"Yoksulluk bize özgü. Eziyeti biz çekiyoruz, herkesin hayatı refah içinde geçiyor. Ne ekmeğimiz ne katığımız var. Suyumuz gözyaşından ibaret, testimiz bile yok. Güneş olmasa çıplağız, dolunay olmasa döşeğimiz yok. Hâlimiz ne olacak?"

Adam:

"Daha ne zamana kadar..." dedi. "Dünya malının peşinden koşacaksın? Şurada ne kadar ömrümüz kaldı ki... Aklı başında olan fazlaya, eksiğe bakmaz. Genç iken sen daha kanaatkârdın, yaşlandıkça ihtirasın artıyor. Altının ardından koşuyorsun, oysa sen altın gibiydin, ne oldu sana böyle?"

Kadın dinlemiyordu onu. Bildiğini okuyordu:

"Bu boş sözlerinden bıktım artık!" dedi. "Halimizi görmüyor musun? Bulduğuyla yetinmekten söz ediyorsun. Ne bulduk ki kanaat edelim? Bırak bu yaldızlı sözleri!"

Adam:

"Yahu..." dedi. "Sen kadın mısın yoksa keder mi? Ben yoksulluğumla övünüyorum. Para-pul, mal-mülk, baştaki külâh gibidir. Külâhı ise ancak keller takar. Zengin; gırtlağına kadar kusura gömülmüş kişiye denir. Kusurlarını parası örter. Fakirliği hor görme. Allah benden uzak kılsın, kimsenin malında gözüm yok. Yüreğimde kanaat zenginiyim ben. Ey sızlanmaktan usanmayan kadın! Dünya malına heveslenmeyi bırak artık. Benimle kavga etmeyi bırak. Ben barış ve sessizlikten yanayım. Böyle konuşmayı sürdürecek olursan vallahi terk ederim seni!"

Kadın geri adım atarak:

"Nasıl konuşuyorsun böyle?" dedi. "Ben senin ayağının tozuyum. Neyim varsa senindir, canım cismim senindir. Yoksulluk canıma tak ettiyse bu seni düşündüğüm içindir. En zor anlarımda bana yoldaş oldun. En hasta zamanımda bana derman buldun. Ama hakkımda kötü düşünürsen ben de kendimi bağışlamam. Tamam, nasıl istiyorsan öyle olsun!"

Bu kez pişmanlık sırası Bedevi'deydi:

"Tamam tamam!" dedi. "Üzülme, seni bütün kalbimle seviyorum."

Kadın atıldı:

"Sahi beni hâlâ eskisi gibi seviyor musun?"

"Yemin ederim" dedi adam, "Seni eskisinden de çok seviyorum!"

"Öyleyse..." dedi kadın, "Senden bir isteğim var."

"Söyle" dedi adam.

"Bağdat'ta..." dedi kadın, "Halifeler oturur biliyorsun. Diyorum ki sen de oraya gitsen. Belki gün gelir Allah seni de halifelik makamına eriştirir."

Bedevi şaşırdı:

"Nasıl olur, benim gibi yoksul bir bedevi, bırak sultan olmayı, sultanın huzuruna bile çıkamaz."

Kadın:

"Ne diyorum bak!" dedi. "Testimizde tertemiz yağmur suyu var. Zaten sahip olduğumuz tek şey de o. Onu al ve padişaha götür. Bizim bundan başka bir şeyimiz yok de. Zaten çölde bir insana en büyük armağan sudur. Hazinen olsa neye yarar ki, suyun olmayınca."

Zavallı kadın, Bağdat'ın ortasından Dicle'nin gürül gürül aktığını nereden bilsin.

Eşine çekici gelmişti bu düşünce:

"Doğru!" dedi. "Çölde yağmur suyu altından değerlidir. Ancak padişahlara layıktır."

Gün ışıyınca uyandı bedevi, testisini bir keçeyle sardı, ağzını sıkı sıkıya kapadı, sırtına vurarak yola düştü. Bağdat'a doğru gidiyordu. Giderken de hırsızlar kapmasın diye testisini gözü gibi koruyordu.

Günlerce yol aldıktan sonra kente vardı. Doğruca saraya gitti. Muhafızlar isteğini sorunca da:

"Ben..." dedi. "Yoksul bir bedeviyim. Padişahımızın bağışını umarak bu armağanı ona getirdim. Eşi benzeri bulunmaz tatlı bir sudur bu. Ona sunacağım!"

Muhafızlar adamın saflığına için için güldüler ama niyetinin halis olduğunu görünce:

"Peki..." dediler. "Sen bekle, biz haber verelim."

Bedevi oracıkta, Dicle'nin çağıldayışından habersiz oturuyordu. Muhafızlar durumu bildirince, Padişah:

"Testideki suyu alın, içini de altınla doldurarak verin ve gemiyle Dicle üzerinden geri dönmesini sağlayın" diye emretti.

Bedevi şaşkınlık içindeydi. Herkesin bir damla suya hasret kaldığını düşünürken, şimdi ırmağın üzerinde, suyun tam ortasında evine dönüyordu. Ve halifenin armağanını kabul edişindeki inceliğe bakarak:

"Sana sonsuz şükürler olsun Rabbim!" diyordu.

Ümit, Niyet, Gayret ve Zenginlik İlişkisi

Burada kadın aşırı talepkâr fakat kocasının kırıldığını, evliliğinin tehlikeye girdiğini anlayınca geri adım atıyor. Daha sonra da kendince bir çözüm buluyor. Çünkü adam haddinden fazla kanaatkâr ve ailesi için ciddi bir yoksulluk söz konusu. Adamın, eşinin temel ihtiyaçlarını karşılaması gerekiyor. Adam bunları karşılayamıyor ancak bunu bir fazilet zannediyor. Altın kural; bir insanın "Elinde olmalı ama gönlünde olmamalı." Bu adamın ise elinde de yok gönlünde de... Ama sorumlu olduğu da bir ailesi var; onlar için bazı şeyler yapması gerekiyor. Fakat dervişliği ve ileri derecedeki kanaatkârlığı sebebiyle bunun acısını hissetmiyor. Öte yandan eşinin çektiği sıkıntıyı da fark etmiyor. Eşi sıkıntı çekiyor çünkü su, yemek lazım, yaşam için temel bir standart lazım; herkesin mizacı bir değil, bu derece sıkıntıya herkes katlanamaz. Adam ise bu konuda mizacı gereği fazla mütevekkil ve bir çaba içerisinde de değil.

Hikâyeden çıkarılması gereken en önemli mesaj; hep hâlinden şikâyet edip söylenmek yerine, zayıf bir ihtimal de olsa adım atılması gerektiğidir. Adamın Bağdat'a su götürüp altınla geri dönmesi, hesaplanabilir bir durum değil. Ama kadın, zayıf bir ihtimal için de olsa eşini harekete geçirmeye çalışıyor. Benzer bir durumda insanın "Ben ancak bu kadarını yapabildim, bundan sonra tevekkül edebilirim" tarzında hareket etmesi lazımdır. Karıncanın Kâbe'ye gitmesi hikâyesi gibi: Karıncaya "Nasıl gideceksin bu ayaklarla?" diyorlar ama karınca; "Gidemezsem de o yolda ölürüm" diyor. Burada ümitsizliğe düşmek yerine belli bir hedef yolunda ümidi ayakta tutmayı görüyoruz. Ümidi yüksek tutmayı başarabilmek önemlidir. Karamsarlık yerine, Allah'ın rahmetinden ümit kesmemek yaklaşımı var ve böyle bir durumda görüldüğü gibi hesaplanmayan şeyler olabiliyor. Hikâyede padişah çok ince düşünceli çıkıyor. Padişahın da ciddi bir öngörüsü var; durumu anlıyor ve bağışta bulunuyor.

Psikoterapilerde kullanılan bir kurbağa metaforu vardır; süt kazanına iki kurbağa düşüyor. Birisi sürekli çırpınıyor ama sonunda "Ben kurtulamam" diye çırpınmaktan vazgeçiyor ve ölüyor. Diğeri, çırpınmaktan vazgeçmiyor, devam ediyor çırpınmaya ve neticede süt kazanında yağ tabakası oluşuyor. O yağ tabakasının üzerinden atlayıp kurtuluyor. İnsan, Allah'ın rahmetinden ümidi kesmezse hiç tahmin edemediği fırsatları yakalayabilir. Böyle bir gizli psikoloji yasası var. Bu hikâyede işi tembelliğe vurmadıktan sonra önümüze yeni kapıların açılabileceği söyleniyor. Ümit ve gayret mesajı veriliyor. Bu sebeple, kendimizi herhangi bir sebeple kötü hissettiğimiz zaman şikâyet yerine zayıf ihtimaller için çabalamamız lazım.

Mesnevi'den Söz

Ümitsizlik semtine gitme, ümitler vardır. Karanlık tarafa gitme, güneşler vardır. (I., 269)

Olumsuz Düşünce Kalıbı:
Ben insan sarrafıyım, görünüşüne bakıp onu hemen anlarım.

HİKÂYE
Kılavuz

Zemheri soğukları inmişti gökten. Kar yağıyor, şiddetli bir poyraz karı savuruyor, dondurucu bir tipi yeryüzünü kasıp kavuruyordu.

Bir Allah dostu tipide yürürken bir köleye rastladı. Kölenin üzerinde yırtık bir mintan vardı sadece. Dişleri birbirine vuruyor, soğuktan tir tir titriyordu.

"Niçin efendine sana kalın bir giysi almasını söylemiyorsun?"

Köle:

"Neden söyleyeyim ki" dedi. "Benim hâlimi görmüyor mu? Beni benden daha iyi bilen birinden ne isteyeyim?"

Derviş bu sözü duyunca bir çığlık atarak kendinden geçti. Can evinden bir ateş yükseldi.

Bir süre sonra ayılınca, kendi kendine:

"İşte" dedi. "Bir kılavuz göründü. Ey gerçeğe ulaşmak isteyenler! Yolu köleden öğrenin!"

Görünüşe Aldanmadan Bilgeliği Fark Edebilmek

Köle gidip sahibine yalvarmaktansa "O beni görüyor, demek bir hikmeti var ki beni böyle titremeye sevk etti" diyor.

Kölenin bunu, efendisine olan hürmetinden yaptığını anlıyoruz. Titrediği hâlde talepte bulunmadığına göre efendinin, kölenin bu derece faziletli olduğunu görüp onu affetmesi lazım normalde. Çünkü kölenin bu düşüncede olması, onun filozof olduğunu gösteriyor. Kötü zanla düşünmüş olsaydı; "Kör değil herhalde, görmüyor mu hâlimi, versin, demek ki bana değer vermiyor" diyebilirdi. Ama kölenin böyle düşünmediğini, tam tersine, sahibine çok değer verip onu önemsediğini, böyle titremesinin bir hikmeti olduğunu düşündüğünü görüyoruz.

Biz de Allah'a yaklaşmak istiyoruz ama yaklaşamıyoruz, acı çekiyoruz, gerçeği göremiyoruz. O hâlde hikâyeden hırsa düşmek yerine sabredip beklememiz lazım gibi bir anlam çıkıyor. Bu aslında kulluğun en üst noktasıdır. "Kulluğun alameti istemektir" denir. Bu, ortalama bir kulluktur. Ama yüksek kulluk seviyesindeki insanlar, Allah'ın kendisini gördüğünü düşünen insanlar –ki ibadetin en üst noktası da Allah'ın kendisini gördüğünü idrak ederek yapılan ibadettir- "Allah içimden geçenleri biliyor, o hâlde benim bu konuda şikâyet etmemem lazım, O'na hâlimi arz etmeye çalışırken şikâyet eder tarzda olmamam lazım" düşüncesiyle davranıyor. Bu üst düzey bir teslimiyettir ki Hz. İbrahim'in kıssasında vardır. Hz. İbrahim ateşe atılırken Cebrail gelir, "Bir isteğin var mı?" diye sorar. Hz. İbrahim "Senden bir şey istemem, Allah biliyor, bana yeter" der. Hikâyede derviş de köleden bunun yolunu, yüksek kulluğu öğrenmiş oluyor. Bir çocuğun hareketini annesi "peki" deyip onaylarsa çocuk rahatlar; çünkü çocuk sevdiğinden takdir ve onay bekler. İnsan da kulluk ettiğinde içinde bir huzur duyar. "Çok şükür, ibadetimi kabul etti" hissini aldığında rahatlar. Bu da annenin çocuğu onaylaması gibidir. Onun için ibadet edip de bir iç huzur hissediyorsa insan, bu kulluğun kabulünün alametidir. Bu yön, ibadetin duygu boyutudur. İç huzuru ve duygusal tatmin hissini tattıran deneyimlerdir bunlar.

Allah Olay Diliyle Konuşur

Kişinin yaşadığı her olayda "Bu bana ne öğretti?" demesi lazım. Olaylardan ancak bu şekilde ders çıkarılabilir. İnsanlar genelde söz diliyle konuşur, bazı insanlar duygu diliyle konuşur. Çocuklar da davranış diliyle konuşurlar. Allah ise insanlarla olay diliyle konuşur. Hikâyede derviş köleyi sorguluyor ama müdahale etmiyor. Önce onu anlamaya çalışıyor sonra da ne yapabileceğini düşünüyor. Buradaki mesaj, bir kişinin görünüşüne aldanmadan onun bilgeliğinden ders çıkarmayı bilmektir.

Mesnevi'den Söz

Birisi körlükle ve bilmeden yüzyıl yürürse o aştığı yol, yoldan sayılmaz. (VI., 417)

Olumsuz Düşünce Kalıpları:
Kârlı çıkabilmek için
elimden gelen her şeyi yapmalıyım.
Eğer bir şey istiyorsam onu elde etmek için ne
gerekirse yapmalıyım.

HİKÂYE
Yol Kesen Manevi Kuşlar

Yol kesen manevi dört kuş, bütün insanların gönlünü yurt edinmiştir. Bu kuşlar; kaz, tavus, kuzgun ve horozdur. Bu kuşların insanlarınkine benzer dört huyu vardır.

Kaz, insandaki hırstır...

Tavus, makam hırsıdır...

Horoz, şehvettir...

Kuzgun ise dilektir...

Kuzgunun dileği; ebedi olmak yahut da uzun bir ömre kavuşmaktır, insan da bunu umar durur. Hırs kazı ne bulursa yer, dağarcığını doldurur.

İdeale Ulaşmak İçin Realiteye Uymak Gerekir

Bu hikâye insandaki dört zayıf kişilik özelliğini vurguluyor. İnsandaki temel eğilimler bu dört kuşa benzetilmiş ve bu kuşların (özelliklerin) insanın gönlünde yer edinmesi durumunda o kişinin hayat yolculuğunda uçmasını engelleyeceklerinden bahsedilmiş. Bahsi geçen dört kuş kişinin gönlünde yer ettiğinde makam hırsı, şehvet arzusu ağır basıyor ve insan uzun ömürlü olma isteği ile doluyor. Bütün bu arzular ise insanın gönlünde başka bir şeye yer bırakmıyor. Böyle olunca da kişi daha önemli konuları hayata geçiremiyor. "Bir şey elde etmek istersem onu kazanmak için ne gerekiyorsa yapmalıyım" tarzında, insanın fazla talepkârlığına sebep oluyor. Hikâyede insanın ruh sağlığını bozan bu özelliklerin halk psikoterapisi tarzında sorgulandığını görüyoruz.

Modern çağın dayattığı bir duygu olarak hırsı ele aldığımızda insan bir şeyi çok istediği zaman karşı tarafta bir direnç oluşur. Direnç de kişinin isteğinin tersi sonuç verir. O nedenle hırs karşıtını besler. Bu bir psikoloji kanunudur. Yöntem olarak bir insanın neyi istediği değil, nasıl istediği önemlidir. Alışveriş yapıyorsunuz diyelim; alacağınız şeyi çok istediğinizi belli ederseniz, fiyat yükselir. Basit bir pazarlama hilesidir. Bunun gibi insan da hayatta bir şeyi çocuksu bir şekilde talep ederse karşıt duygular oluşturur. Diğer insanlarda da "Neden bu kadar çok istekli?" diye paranoya oluşur. O paranoya nedeniyle diğer insanlar o kişinin işine engel çıkarma eğiliminde bulunurlar. Durum içinden çıkılmaz bir hâle gelir.

Bir de doğanın hız ve ritmi var. Mesela dağa çıkacaksan belli bir hızla tırmanman lazımdır. Merdivenlerden çıkacaksan belli bir hızla ilerlemen gerekir. Yoksa ya düşersin ya da nefesin kesilir. Bazı kişiler bir şeye odaklanıp onu çok isteyerek bütün enerjilerini tüketiyor ve kaybediyorlar. Çünkü bu doğanın hız ve ritmine uymuyor. Aslında hırs doğanın hız ve ritmine uymadığından, kişinin kriz yönetimine uymasını zorlaştırıyor. Başkalarının paranoya yapmasına sebep olmanın dışında kendi enerjisini de plansız bir şekilde harcamasına sebep oluyor.

Bir insanın hedefine ulaşabilmesi için elindeki kaynağı verimli bir şekilde kullanması gerekir. Hırs gösteren insansa hedefe ulaşabilmek için kaynağını çabucak tüketiyor. Bir bakıma israf ediyor. İnsan bir şeyi arzu ediyorsa o, kişinin idealidir. Ama onu gerçekleştirmek için realiteye uygun davranması gerekir. Zamanını ve kaynağını en iyi nasıl kullanırsa hedefine ulaşabileceğini hesap etmelidir. Yoksa takıntı şeklinde sürekli hedefini düşünürse zihinsel tükenmişlik olur ve bir şey elde edemez. Bu nedenle burada önemli olan zihinsel, psikolojik sermayeyi verimli kullanmak gerektiğidir. Hırs göstermenin tersi sabırlı olmaktır. Hırs aceleciliği getirir. Acelecilik de kaynak israfını ve başarısızlığı beraberinde getirir. Hırs kişinin haddini aşması, gücünün sınırlarını bilmemesi anlamına gelir. İnsan gücünün yetemeyeceği bir şeyi hırsla istiyorsa onu elde edemediği zaman hayal kırıklığı yaşar. "İllâ bu olacak, olmazsa dünyanın sonu olur" tarzındaki düşünceler kişinin başka açılardan görmesini, alternatif düşünmesini engeller. Bu da insanda motivasyon kırıcı bir etki yapar. Onun için bu tip insanlar genelde işlerini yarım bırakıp hedefe ulaşmaktan vazgeçerler.

Bir insan bir konuda hırslı değilken başka bir konuda hırslı olabilir. Hırs, şehvet, gelecek kaygısı ve makam hırsı gibi dürtüler insanın yönetmesi gereken psikolojik süreçlerdir. Bu dürtüler insanı değil, insan bu dürtülerini yönetmelidir. Yoksa bu dürtüler ağır bastığında bir insan makam hırsı nedeniyle arkadaşının ayağını kaydırabilir. Para hırsından dolayı rüşvete başvurabilir. Bu da kendine ters düşmek gibi bir netice doğurur. Fakat bazı insanlar bu gibi durumlarda psikolojik savunmalar geliştirirler. Buna "projeksiyon savunma mekanizması" denir. Yani kişi kendi içindekini dışa yansıtır. "Bende yok, onda var" der. "Ben gayet sağlıklıyım, sağlıksız olan başkaları" diyerek kendisine karşı kognitif körlük denen bir körlük meydana gelir, yani kişi kendi kusurunu görmez. Halk arasında "Başkasının yumruğunu yemeyen kendi yumruğunu batman sanırmış" diye bir tabir vardır. Ama bu kişiler gerçek bir kavgaya girdiklerinde "Hakikaten benden daha kuvvetliler varmış" derler. Böyle durumlarda kişi bazen deneme-yanılma yoluyla bunun farkına varır. Bir de "Aşkın gözü kördür, kaynanalar olmasa" diye bir söz vardır. Neden? Çünkü kaynanalar hiç çekinmeden eleştirir ve kişinin hatalarını yüzüne vururlar. Âşık olan çocukları aşktan hiçbir şeyin farkına varmazken onlar gerçekleri tüm çıplaklığıyla ifade ederler.

Bir insan "Ben hırslı değilim" diyorsa bu, hırs ile mücadele etme yönteminin yanlış olduğunu gösterir. "Ben hırslı değilim, başkaları hırslı" diyerek kendi hırsını görmezden geliyor demektir. Buna paranoyada da rastlarız. Diyelim ki bir insan başkalarının kendisiyle dalga geçtiğini düşünsün, içinden böyle bir düşünce geçer ya da "Şu kötülüğü yapsam" diye bir düşünce hâsıl olur. Ama bu düşünce ilk başta hamdır ve işlenmemiştir. Sağlıklı insan bu düşüncelerin saçma olduğunu bilir ve onları bertaraf eder ama egosu kabarık kişiler bu gibi durumlarda "Ben o kadar iyi insan olduğum hâlde bunları düşünüyorsam onlar da bana kötülük yapmayı düşünür" der. "Ben bile düşünüyorsam o hâlde onlar bana kötülük yapacaklar" diye düşünür. Bunun neticesinde kendi içindeki hatayı dışarı yansıtır ve dışarıdan geliyormuş gibi algılar. İşte buna paranoya denir. Bu, düşünceyi yanlış analiz etmeyle ilgilidir. Hatta buna "meta-kognisyon" denir. Kişi, aklına gelen düşünce üzerine düşünüp onu analiz edecek ve uygun hâle çevirecek bir yol izlemeli. Mesnevî'deki hikâyeler bunu yapmayı sağlıyor.

Kaz çobanlığı çok zordur. Koyun çobanlığından daha meşakkatlidir. Kazlar hırslı hayvanlardır. Her şeye saldırır ve yerler, söz dinlemezler. Koyunlar ufacık bir ikazla döner. Tavus kuşunun kendini gösterme hırsı, horozun şehvet hırsı ve kuzgunun uzun ömürlü olma dileği hikâyede metaforlaştırılmış. İnsandaki bu eğilimlerin çobanlığını iyi yapmak gerekir yoksa onlar sahibinin yolunu keser.

Bazı olaylar kişinin kendini tanımasına vesile olur. Zaten Mevlana'da en çok rastladığımız şey nefis terbiyesi dediğimiz, kişinin kendi potansiyel enerjilerini bir kaynak yönetimi gibi yönetmesidir. Dikkat ederseniz "Bu dürtüleri yok et, öldür" demiyor. "Bir çoban misali onların yönetimini sağla" mesajını veriyor. Hayvan örneğini vermesindeki mesaj "Bunu bir kaynak olarak gör ve sınırlarını iyi çiz" mesajıdır.

Şehvet de insandaki temel dürtülerden biridir. Yemek, içmek gibi hayvanlarla ortak dürtülerimizdendir. Günümüzde şehvet modernizmin çok yücelttiği bir dürtüdür. Bu dürtü bir zevk hâline getirildi. Kişi zevk aldığı o şehveti elde edemediği zaman hayal kırıklığı yaşar, bu da kişinin gönül dağarcığını kaplar, başka iyi duygulara yer kalmaz. Ama bunun sınırlarını bilmek gerekir, bu da iç disiplin demektir.

Mesnevi'den Söz

İyilikte olsun kötülükte olsun her insana kendisine benzer bir melek arkadaştır. (I., 284)

Olumsuz Düşünce Kalıbı:
Her zaman en yüksek standartlara ulaşmaya çalışmak gereklidir yoksa her şey darmadağın olur.

HİKÂYE
Yoksul Eşek

Bir oduncunun eşeği vardı. Zavallı hayvanın sırtı ağır yük taşımaktan yara içindeydi. Yemek için saman bile bulamazdı. Oduncunun bir arkadaşı padişahın ahırında görev yapıyordu, hâlini görünce, eşeğe acıdı. Oduncu yoksul olduğu için eşeğin bu durumda olduğunu anlatınca, arkadaşı birkaç günlüğüne eşeği ödünç aldı. Padişahın ahırına götürüp bağladı.

Eşek orada bol yem yiyen, güzel ve gürbüz Arap atlarını gördü. Her yer tertemizdi, atlar tımar ediliyordu. Gördüklerine dayanamayan eşek:

"Allah'ım, ben bu kadar sıkıntı çekerken bu atlar neden bu kadar rahat yaşıyor? Ben de senin yarattığın bir mahlûk değil miyim?" diye söylenmeye başladı.

Tam o sırada savaş sesleri duyuldu. Atlara eğerleri, gemleri vuruldu; savaşa gittiler. Ok ve mızrak darbelerine maruz kaldılar. Yaralar içinde ahıra geri döndüler. Sonra ayakları bağlı olarak yere yatırıldılar da nalbantlar hayvanların bedenine saplanan parçaları çıkardılar.

Bunları görünce eşeğin aklı başına geldi ve sözlerini geri alarak şöyle dedi:

"Yüce Rabbim, yoksulluğuma da, çektiğim sıkıntı ve açlığa da razıyım. Ne o gıdayı isterim ne de o yaraları."

Şikâyet Etmek Yerine Kıymet Bilmek

Hikâyede kişinin açgözlü, doyumsuz ve beklentisinin hep yüksek olması neticesinde kendisini hep daha iyilerle kıyaslamasına vurgu yapılıyor. Kişi yaşadığı musibet ve elemler karşısında "Ben ne yaptım da böyle oldu" diyerek hâlinden şikâyet ediyor. Bu şikâyet hâli eşek metaforuyla temsil edilmiş. Bir insanın kendini daha iyi konumdaki kişilerle kıyasladığı zaman bu hikâyeyi hatırlaması önemlidir. Hikâyedeki yağız atların sahip olduğu nimetler, güzellikler oranında taşıdıkları riskler de var. Bakımlı olmalarının, birçok şeye sahip olmalarının mutlak bir bedeli var.

Günümüzde insanoğlu da aynı şeyi yapıyor, elindekinin kıymetini bilmiyor. İnsandaki beklenti düzeyinin yüksek olması zaten modernizmin, tüketim kültürünün getirdiği en önemli risktir.

Amerika'nın Pennsylvania eyaletinde bir Katolik kasabasında 60'lı yıllarda kalp, mide ve bağırsak hastalıkları Amerika genelinden daha düşük çıkıyor. Bunun üzerine bir araştırma yapılıyor. Kasabadaki insanların her şeyleri inceleniyor. En sonunda da kültürel standartlarına bakılıyor. Kasabada İtalya'dan göç etmiş bir Katolik köylü topluluğu yaşıyor. Sonuçta bu insanların Amerika'nın hızlı hayatına kapılmamış, geleneklerine bağlı köylü bir halk olduğu tespit ediliyor. Bağırsak, mide hastalıklarının oranının az olmasının nedeni kültüre bağlı etmenler olarak tanımlanıyor. 20 sene sonra aynı kasabada tekrar inceleme yapılıyor. Bu sefer bakıldığında orada da hızlı yaşantı ve lüks yaşam egemen olmuş, Amerika geneliyle aynı yaşantının var olduğu gözlenmiş. Bu kişilerdeki mide, kalp ve bağırsak hastalıklarının oranının da genel oranla eşitlendiği ortaya çıkmış. O hâlde "Bu hastalıklara kişinin yaşam biçimi sebep oluyor" diye bir kanaat oluşmuş. Bu insanlar kendilerinden daha fazla şeye sahip olanlarla kendilerini kıyasladılar ve onlar gibi yaşamayı tercih ettiler. Neticesinde de hastalık oranları yükseldi. Demek ki modernizmin getirdiği kazanımlardan istifade edip aynı zamanda geleneksel yaşamın psikolojik konforunu korumak, beklenti düzeyini alçak tutmak gerekiyor.

Mesela bir kişi "İllâ kısa zamanda arabam olsun" diye çırpındıkça araba sahibi oluyor ama o süreçte kendini de hasta ediyor. Bunun yerine kendine gerçekçi bir hedef koysa biraz yavaş olur belki ama ruh sağlığı bozulmadan hedefine ulaşmış olur. İnsanın sahip olduğu şeylerle, sahip olmadığı şeyler arasındaki dengeyi iyi kurması gerekir. 90 yaşındaki çok mutlu bir kadına soruyorlar; "Bu kadar hastalığın varken nasıl oluyor da mutlu olabiliyorsun?" diye. Kadın "Ben çalışan organlarımı düşünüyorum, çalışmayanları değil" diye cevap veriyor. Mutlu olamayan hasta kişiler ise "Omzum ağrıyor, bacağım ağrıyor" diyerek vücutlarının problemli kısımlarını kafaya takıyor ve daha çabuk yıkılıyorlar. Yani insan hastalığı varsa onu kabullenip "Düzelmesi için ne yapabilirim?" diye kafa yormalıdır. Sorun odaklı değil, çözüm odaklı düşünmek gerekir. Kişi rahatsız edici bir şeyle karşılaştığı zaman inkâr, reddetme savunma mekanizmasını kullanıyor. Hâlbuki doğru olan şey, bunu takıntı hâline getirmeden üzerinde düşünüp, doğru tanımlamasıdır. Gerçekçi bir biçimde düşünüp çözüm bulması mümkünken "Görmezden gelirsem sorun ortadan kalkar" diye düşünüyor. Bu, tam olarak inkâr ve savunma mekanizmasıdır.

Mesnevi'den Söz

Peygamber, kanaat tükenmez hazine demiştir. Gizli hazineyi herkes elde edebilir mi? (V., 2398)

Olumsuz Düşünce Kalıpları:
Rahatsızlık verici bir şey hisseder ya da düşünürsem bunu zihnimden atmaya çalışmalı veya dikkatimi başka yere vermeliyim. (Başka şeyler düşünmek, içki içmek, ilaç almak ya da televizyon seyretmek gibi)
Eğer bir sorunu görmezden gelirsem, o sorun ortadan kalkar.

HİKÂYE
Sebe Halkı

Allah Sebe halkına büyük zenginlikler bağışlamıştı. Ama Sebe halkı vefasız, nimetlere şükretmeyi bilmeyen bir halktı. Bununla da kalmamış, onları, "Şükredin" diye uyaranları da dinlememişlerdi. Allah onlara tam on üç peygamber göndermişti.

"Bu nimetlere öylesine doyduk ki biz, ne kulluk hoşumuza gidiyor ne de suç işlemek. Nimet de istemiyoruz, esenlik de" diye cevap verdiler uyarıcılara. Gönderilen peygamberleri aşağılayarak reddediyorlardı.

"Bir padişahın vekili ancak onun cinsinden olur" diyorlardı. Böylece peygamberlerden gelen yardıma yüz çevirdiler. Çaresiz bir derde düştüklerine inanıyorlardı.

"İyi sözler söylüyorsunuz ama ressam bizim resmimizi böyle yaptı, bu değişmez" diyorlardı.

Peygamberler onlara Allah'tan umut kesilmeyeceğini anlattılar. Sebeliler bunun üzerine onlara:

"Bizim rahatımız yerindeydi, siz gelince rahatımız bozuldu. Sizin yüzünüzden ölümü düşünür olduk. Zaten nerede bir gam, keder, azap varsa sizin bu öykülerinizden geliyor. İnsanlara gam veriyorsunuz" dediler.

Peygamberler onlara bu kederin, bu sıkıntının onların kalbinden geldiğini anlattılar.

Bir hekim gelip dese ki "Koruk yeme, sana zarar verir", sen ona,

"Ne diye kötüye yoruyorsun?" mu diyeceksin? Biz ardından gelen yılanı görüyor ve seni uyarıyoruz. Sen ise bize, "Sus, beni kederlendirme" diyorsun. Kötülerin huyu böyledir, iyilik yaparsın, kötülükle karşılık verir. Nefis de böyledir. Birisi ona nimet verir, o da nimeti inkâr eder. Sıkıntıya düşenler bu yüzden şükrederken, nimete ulaşanların azgınlığı da bu yüzdendir.

Sonuç Bilincinin Öğrenilmesi

Sebe kavmi "Nimet de istemiyoruz esenlik de" diyor. Anlaşılan her şeyleri var ama mutlu değiller. Peygamberler onlara Allah'tan umut kesilmeyeceğini anlattılar. "İyi sözler söylüyorsunuz ama bu değişmez. Ressam bizim resmimizi böyle yaptı" diyor hatta "Bizim rahatımız yerindeydi. Siz gelince rahatımız bozuldu. Sizin yüzünüzden ölümü düşünür olduk" diye de ekliyorlar. Peygamberlerin anlattıkları öykülerin insanları gama sevk ettiğini iddia ediyorlar. Peygamberler ise onlara içlerindeki sıkıntının kalplerinden geldiğini söylüyorlar.

Buna benzer bir durumla karşılaşmıştım: Doktor hastasına "Kilo vermen gerekiyor" deyince hasta "Herkes benim kilomla uğraşıyor" deyip odayı terk etmişti. Sorunuyla yüzleşmek istemiyordu. Kötülerin huyudur; iyilik yaparsın kötülükle karşılık verirler. Nefis de böyledir. Birisi ona nimet verir, o da nimeti inkâr eder. Sıkıntıya düşenler şükrederken nimet sahibi olanların azgınlığı bu yüzdendir.

Kimisi de sıkıntıya düştüğü hâlde iyi insan olduğu için şükretmeyi başarabilir. Burada "şükür" sihirli kelimedir. Nimete ulaşan bir insan doyumsuzsa "Neden daha fazlası yok!" diyerek yakınır. Bu, idama giden bir kişinin yüz metre ilerideki idam sehpasını görmezden gelerek zevk alabilmesine benziyor. Eğer onu orada görürse zevk alması mümkün değil. Hâlbuki öncelikle idamdan kurtulmanın yollarını düşünmesi eğer yoksa sonrası için ne yapmalı onu düşünmesi gerekir. Yani insanların ölümün hesabını yapması gerekir. Onun yerine, "Bizim ağzımızın tadını niye bozuyorsun?" diye kendilerini uyaran peygamberlere çıkışıyorlar.

Kişi dünyevi olarak rahatsız edici şeyi yok sayarak kendini bir bakıma güvende hisseder ama bu devekuşu örneği gibidir. Başını kuma gömüp tehlikeden kurtulduğunu sanır. Bu, insanın kendini aldatma yöntemlerinden biridir. Ama daha sonra gerçekle yüzleşti mi ve bela geldi mi de iş işten geçmiş olur.

California Sendromu bu hikâyenin anlattığı durumlar içinde değerlendirilebilir. California Sendromunun dört tane belirtisi vardır. Birincisi; zevke düşkünlük, hedonizmdir. Bu kişiler zevk peşinde koşmayı yaşam amacı olarak görürler. Bu nedenle doyumsuzdurlar. "Hoşuma giden iyidir, hoşuma giymeyen kötüdür" şeklinde bir yaşam felsefeleri vardır. Bu kişilerin ikinci özelliği benmerkezci ve bencil oluşlarıdır. Kendi zevklerini ön planda tutarlar. Mesela bu tip kişiler eşi ya da çocuğu hasta olsa rahatı bozulduğu için evliliğini bitirebiliyor. Üçüncü olarak bu kişiler yalnızdırlar. Benmerkezci oldukları için yanlarındaki herkes onların dediklerine uymak zorunda kalıyor ve bu durum uzun süre mümkün olamayacağından sonunda yalnız kalmaya mahkûm oluyorlar. Ancak güç ve paraları varsa yalnız kalmıyorlar. Dördüncü aşamada da mutsuz, depresif oluyorlar. Bu kişilerde zevk bağımlılığı oluşuyor. Mesela Romalıların son zamanlarında da vardır; yemek yedikten sonra bilerek istifra edip tekrar yemek yemelerini bunlara örnek olarak gösterebiliriz.

Tedbir alınmazsa insanlık California Sendromuna doğru gidiyor. İnsanoğlu her şeye sahip olacak fakat mutlu olamayacak. Kendisini çaresiz, derde düşmüş olarak görecek. Hikâyede Sebe kavmi "Ressam bizim resmimizi böyle yaptı" diyor. Bu, kaderin değişmeyeceğine inandıklarının göstergesidir. Ya o nimet elden gittiğinde kendilerini sorgulayacaklar ya da kendilerine gönderilen peygamberleri dinleyerek doğru yola girecekler. Yoksa azgınlıklarından dolayı başlarına bir musibet gelecek. Çünkü azgınlığın bir bedeli var. Sonuç olarak Sebeliler peygamberlere "Bizim rahatımız yerindeydi, siz geldiniz, ölümü düşünür olduk, gam ve keder getirdiniz bize" diyerek onlara karşı kendilerini kapatıyorlar. Kişi artık aşırı zevk bağımlısı olduğunda, ödül bağımlılığına alıştığı zaman krize girer. Yani anne memesine bağımlılık derecesinde düşkün bir çocuk memeyi bırakmaz. Onu ancak zorla, ağlatarak memeden ayırabilirsiniz. Onu üzmeden ayırayım derseniz bunu başaramazsınız. Bırakmak için canının yanması, bir bedel ödemesi gerekir. Bu kıssadaki kişiler de zevk peşinde koşmanın dozunu kaçırmışlar.

Mevlana hikâyede hekim ile ilgili bir analoji yapıyor. Sana zarar veren bir şeyi bırakmanı, yapmamanı tavsiye eden bir doktora kızmak yerine aklın gereğini yapmanı tavsiye ediyor. Hastalığı nedeniyle yemek yemeyi kısıtlayan bir doktora "Sen bana kötülük yapıyorsun" demek, kişinin o anlık rahatlamasını sağlar. Ama ileride hastalık ilerleyince iş işten geçmiş olur. Küçük felaketlerin büyük felakete dönüşmemesi için uzun vadeli düşünmeyi öğrenmek gerekir.

Mesnevi'den Söz

İhtiyaçtan fazlasına meyletme ki sana galebe etmesin, sana bey olmasın. (III., 2260)

Olumsuz Düşünce Kalıpları:
İçimdekini dışarı yansıtamıyorum.
Duygularımı göstermem iyi bir şey değil.

HİKÂYE
İki Defa Körlük

Bir kör vardı, derdi ki:

"Ey zamane ehli, el aman, benim iki körlüğüm var. Şu hâlde bana iki kat acıyın. Çünkü iki kat körüm, bu iki körlüğe birden müptelayım."

Birisi:

"Bir körlüğünü görüyoruz. Öbür körlüğün nedir? Göster" dedi.

Kör dedi ki:

"Sesim çirkin, avazım bed. Ses çirkinliği ve körlük iki kat körlüktür. Çirkin sesim halka keder vermekte. Halkın acıması, sesim yüzünden azalmakta. Kötü sesim nereye varırsa hiddet, gam ve kin meydana gelmekte. İki körlüğe siz de iki kat acıyın. Böyle hiçbir yere sığmayan kişiyi gönlünüze sığdırın, hoş görün."

Bu şikâyet, bu sızlanma yüzünden sesinin çirkinliği kalmadı. Halkın hepsi ona acımaya başladı. Sırrını söyleyince gönlünün güzel sesi sesini güzelleştirdi, sesindeki çirkinlik gitti.

Öğrenilmiş Çaresizliğin Duygu İfadesi İle Tedavisi

İçteki duyguların dışa yansıtılmasıyla ilgili bir hikâye bu. Burada kişinin göz körlüğü var. İki kat derken de sesinin çirkin olmasını kastediyor, onu da körlük gibi değerlendiriyor. Ses çirkin olunca hiddet, gam ve kin meydana geliyor. Diğer insanlarda uyandırdığı kötü his nedeniyle sesinin çirkin ve bed olduğunu düşünüyor. Bunun için kendini bir de duygusal kör olarak kabul ediyor. Zaten göremiyor, bir de sesi çirkin olunca iletişim kuramıyor.

Bu durumda duygusal okuryazarlığın devreye girmesi gerekir. Kişi sesinin çirkin olduğuna inandığı için sesi çirkin çıkıyor. Dolayısıyla karşı tarafta hiddet, gam, keder gibi negatif duygular uyandırıyor. Daha sonra kendisinde farkındalık oluşuyor ve sesini daha önce hiç kullanmadığı şekilde kullanmayı öğreniyor. Buna psikoterapide "katartik yaklaşım" denir. Yani bir boşalma psikoterapisi tarzında duygu ifadesinde bulunuyor. Bu şekilde kendi duygularını dışarı yansıtıyor ve kendi negatifliği kaybolduğu için karşı tarafın da hiddet, gam ve öfke gibi negatif hisleri ortadan kalkıyor. Bu kötü duygular kaybolunca karşı taraf da kişiye iyi davranmaya başlıyor. Kusuruyla yüzleşmesi onun karşı tarafta oluşturduğu olumsuz duyguları gideriyor. Bunun sonucunda da iki körlüğünden biri düzeliyor.

Sesin çirkinliği izafidir. Eğer kişi ses sanatçısı değilse herkeste ortalama bir ses vardır. Çirkin olan sesler de genellikle düzeltilebilir seslerdir. Yanlış öğrenme sonucu oluşan seslerdir. Ama kaliteli sesler eğitimle daha kaliteli olabilir. Mesela Osmanlı'da hafızlar vardı. Üsküdar'da ezan okuduğunda karşı taraftan duyulurmuş. Şimdi öyle hafızlar yok. Neden? Onlar beyinlerini motive edip ses tellerini son gücüne kadar kullandıkları için bunu başarmışlar. Ancak günümüzde hoparlör olduğu için eğitime ihtiyaç olmuyor. O yüzden eskisi kadar oktavı yüksek sesler yok artık. Sesin terbiyesi de aslında beyindeki müziksel unsurların terbiyesidir. Beyindeki müziksel unsurların terbiyesinde duygusal ifade ve estetik algılama çok önemlidir. Eğer ses sanatçıları duygusal yatırımlarını müziğe yaparlarsa sesleri iyi çıkar.

İletişimde beden dilinin %20'si sözel, %80 ise sözel olmayan iletişimdir. Bir de eşik altı vurgular vardır; bunlar ses tonu, vurgular, söyleyiş biçimi, tonlama, artikülasyon, fonetik, tekrar gibi unsurlardır. Bu unsurlara bağlı olarak sesin hız ve ritmi karşı tarafta iyi veya kötü etki uyandırır. Hikâyede insanın kendini değiştirmesinin, sesini bile değiştirmesine vesile olacağı vurgulanmış ve öğrenilmiş çaresizliğini tedavi edebileceği gösterilmiştir.

Mesnevi'den Söz

***Apaydınlık gündüz vakti birisi mum arasa, onun bu araması körlüğüne tam bir delildir.* (III., 2721)**

Olumsuz Düşünce Kalıbı:
Bana zarar verecek olan kişiye elimden gelen her yolu kullanarak engel olurum.

HİKÂYE
Arkadaşlık

Bir bahçıvan, bahçesine üç tane hırsızın girdiğini gördü. Bu üç kişinin birisi fakih, birisi şerif, bir tanesi de sofi idi. Üçü de hafif meşrep ve vefasız kimselerdi. Bahçıvan kendi kendine:

"Bunlara söyleyeceğim nice sözler var. Fakat bunlar bir topluluk. Topluluksa kuvvettir; tek başıma bu üç kişinin hakkından gelemem. Önce onları birbirinden ayırmak lazım. Her birisini öbüründen ayırayım. Ondan sonra birer birer saçlarını, sakallarını yolarım" dedi.

Hile edip arkadaşlarıyla arasını açmak üzere sofiye:

"Eve git, bu arkadaşlar için bir kilim getir" dedi.

Sofi gidince öbür ikisiyle yalnız kaldı ve fakihe:

"Sen fakihsen fakihsin, bu da ünlü bir şerif. Biz, senin fetvanla ekmek yemekte, senin bilgi kanadında uçmaktayız. Bu da bizim şehzademiz, sultanımız. Hz. Peygamber'in (sav) soyundan. Bu pisboğaz, bu hasis sofi kim oluyor ki sizin gibi padişahlarla düşüp kalkıyor. Gelince onu savın gitsin. Siz de tam bir hafta benim bahçemde, çayır çimenliğimde kalın. Hatta bağ da nedir ki? Canım bile sizin. Siz benim sağ gözüm mesabesindesiniz" dedi.

Onları vesveselendirip kandırdı. Sofi gelince onu savdılar. Bu sefer bahçıvan, koca bir sopayla ardından koştu. Dedi ki:

"Ey köpek sofi, demek sen cüret edip benim bağıma
giriyorsun ha! Sana bu hususta Cüneyt mi yol gösterdi,
Bayezid mi? Bu sana hangi şeyhin, hangi pirinden kaldı?"

Sofiyi yalnız bulunca iyice dövdü, âdeta yarı canlı bir hâle koydu, başını yardı.

Sofi:

"Benim nöbetim geçti. Fakat arkadaşlar, bir iyice sıranızı gözetin. Beni yabancı bildiniz. Fakat bilin ki bu kaltabandan daha yabancı değilim. Benim yediğimi siz de yiyeceksiniz" dedi.

Bahçıvan sofiden kurtulunca yine o çeşit bir bahane kurdu.

Şerife:

"Ey şerif, eve git. Öğle yemeği için, yufka ekmeği pişirmiştim, onu al gel" dedi.

Şerif gidince, fakihe dedi ki:

"Ey işi yerinde, güneş görmüş, her şeyi anlar, bilir adam. O şerif, manasız bir iddiada bulunuyor. Anasının ne iş ettiğini kim bilir ki? Ahlaksız adamın biri."

Bahçıvan bu şekilde yalanlar söyledi, fakih de bunları dinledi. Bunun üzerine o sitemkâr fakih, şerifin ardından gidip:

"Ey eşek, bu bağa seni kim davet etti? Hırsızlık sana
Peygamberden mi miras kaldı? Aslan yavrusu,
aslana benzer, sen söyle bakayım,
Peygambere ne yüzden benziyorsun?" dedi.

Şerif, fakihe:

"Şimdi sen yapayalnız kaldın. Şerifliğimi bir tarafa bırak. Hatta tut ki arkadaşlığa da layık değilim fakat sana karşı bu çeşit bir zalimden de aşağı değilim ya" dedi.

Bahçıvan ondan da kurtulup fakihe geldi ve dedi ki:

"Ey fakih! Ne fakihi! Ey eli kesilesi, bağlara girmek caiz midir?
Emir var mı bile deme. Fetvan bu mu senin?

Fakih:

"Vur, vur, hakkın var. Fırsat ele geçti. Dostlardan ayrılanın layığı budur" dedi.

Arkadaşlıklarda Kişilerin Vasıf ve Sıfatları ile Dost Olmak

Bu hikâyede çok ilginç metaforlar kullanılmış. Hikâyedeki bahçıvanın şeytanî bir yöntem kullansa da haklılık yönü var. Diğerleri de aslında iyi fakat yanlış yapan üç insan. Genel olarak bakıldığında, yanlışı düzeltmek için iyi bir insanın kullandığı kötü yöntem anlatılmış.

Hikâyedeki her kahraman açısından konuyu ayrı ayrı değerlendirmek gerekir. Bahçıvanın diğer üç kişiyi yalan söyleyerek birbirine düşürdüğünü görüyoruz. Bunun sonucunda da bu üç kişiyi bahçesinden uzaklaştırıyor. Bir bakıma amacına ulaşıyor. Bahçıvan açısından çıkarılacak sonuç, kötü bir durumdan kurtulmak için hile kullandığından "savaşta hile yapılabilir" prensibi olabilir. Bahçeye gelenlerin hırsızlık yapmaya geldiği kesin. Böyle bir durumda onun da gelenleri hırsızlıktan vazgeçirebilmek için özel bir yöntem uygulaması anlaşılabilir. İstenmese bile başka bir seçenek olmadığından kabul edilebilir.

Ancak bahçıvan, o üç kişiyi birbirine düşürerek evden uzaklaştırmak yerine daha ahlaki bir yöntem kullanabilirdi. Çünkü üçü de olumlu yönleri olan kişiler. Oysa bahçıvan olumsuz yönleri üzerine giderek, hırslarını kullanarak bu üç kişiyi birbirlerine düşürüyor. Sofinin dervişliğini, fakihin hak anlayışını ve şerifin haysiyetini yüceltip hırsızlığa engel olmayı seçseydi onlarda suçluluk ve pişmanlık uyandıracak, sadece bahçesini kurtarmış olmayacak, aynı zamanda toplumsal ahlaka da hizmet etmiş olacaktı. Bu da bir bakıma ibadet hükmüne geçecekti. Karşı tarafı da ıslah edici etki yapacaktı. Bahçıvan bu durumda bir savaş psikolojisiyle hareket ediyor. Son seçenek olabilecek davranışı en başta uyguluyor.

Hikâyeden kötülük üzerine arkadaşlığın, dostluk anlamına gelmediği manasını da çıkarabiliriz. Kötülük, çıkar üzerine kurulan arkadaşlıklar kolayca bozulabilir. Bir diğer önemli ayrıntı da bahçıvanın önce kişileri övüyor olmasıdır. Sofiyi övüyor, fakihi övüyor, şerifi övüyor ondan sonra arkalarından kötülüyor. Psikolojik yönlendirme taktiği uyguluyor. Buna "dümenleme" denir. Manipüle ediyor ve istediği yere çekiyor. Bir insanın kötülük üzerine arkadaşlık yapmasındansa yalnız olması çıkarınadır. "Erdemli olmak mı kârlıdır, çıkarcı olmak mı?" diye meşhur bir söz vardır. Erdemli olmak, böyle arkadaşlar edinmemek daha kârlıdır. Çıkar üzerine kurulu ilişkiler her zaman dağılmaya yatkındır. İnsanlara bağlanırken kişinin niçin bağlandığını iyi tespit etmesi gerekir.

Mesnevi'den Söz

Üstünün dostu ol ki üstün olasın. Kendine gel be hey azgın mağluplara dost olma! (IV., 2877)

Olumsuz Düşünce Kalıpları:
Çok mutsuz olmayı hak ediyorum.
İstediğimi alamam.

HİKÂYE
Allah'ı Zikreden Ağız Temizlenir

Yüce Allah Hz. Musa'ya:
"Ya Musa, bana günahsız bir ağızla dua et!" diye seslendi.
Hz. Musa:
"Ya Rabbi! Bende öyle bir ağız yok ki, sana nasıl günahsız bir ağızla dua edeyim?" dedi.
Bunun üzerine Yüce Allah:
"Başkalarının ağzıyla dua et; çünkü sen başkalarının ağzıyla günah işlemiş olamazsın. Öyle hareket et ki, diğer insanlar gece gündüz sana dua etsinler veya kendi ağzını temizle, Allah'ın adı temizdir, onu zikreden ağız temizlenir" buyurdu.

Dua Kapıyı Çalmaktır

Birinci olarak, bir peygamber olan Hz. Musa'nın temiz ağızla dua etmesi istendiğinde kendi ağzının günahsız olmadığını söylemesinde bizim gibi sıradan insanlar için büyük bir ibret vardır. İkinci olarak da başkalarının hakkımızda güzel şeyler söylemesi bize yansır. Başkasına yapılan dua menfaat barındırmadığından kabule yakın olur. Bu aslında ihlas ve empati öğretisidir. İhlas, ibadetlerin ve işlerin sırf Allah rızası için yapılmasıdır. Dua ederken insanın bir görünen talepleri bir de görünmeyen talepleri vardır. Mesela abdestte niyet farz değilken namazda niyet farzdır. Allah rızası için niyet etmezsen namaz olmaz. Niyet bu bakımdan önemlidir.

Bazen kişi övgü almak ve çıkar sağlamak için Allah adını zikredebilir. Böyle durumlarda sırf Allah rızası amaçlanmadığı için dualar saf olmaz. Böylece kabulden uzaklaşır. Duanın kabule yakın olması için ihlasla yapılması lazımdır. Günahsız bir ağızla yapılması evladır. Onda da dünyevi, uhrevi beklenti hatta cennet beklentisi bile olmaması gerekir. Sadece Allah için olması önemlidir. Hikâyede buna vurgu yapılıyor. Böyle bir duayı kişinin kendisinin yapması daha zor olduğundan başkalarının duasını almak önemli hâle gelir. Çünkü başkasının ağzından çıkan duanın, kişinin kendi günahlarıyla bağlantısı olmaz. Eğer bunu yapamazsak da kendi ağzımızı temizlememiz gerekir. İnsanın ağzını, kalbini temizleyen şey Allah'ı zikretmektir. Çünkü zikretmek kişiyle Allah arasında bir manevi bağ oluşturur. Böylece enerji akışı oluşur. Bu enerji akışı, frekans Allah'ın "Siz bir adım gelin, ben on adım gelirim" şeklindeki ilahi mesajına kapı aralar. Yani kişinin dua etmesinin kapı çalmak olduğunu hissettirir. Duanın ilk basamağı da niyettir. Ondan dolayı niyetini temiz tutmak önemlidir.

Bazen kişi, "Ben tam günahsız olamam, en iyisi ibadet ve zikri hiç yapmayayım" düşüncesine kapılabilir. Bir şeyi tam elde edemediği zaman tamamen terk edenler genellikle mükemmeliyetçi kişilerdir. "İş hatasız olsun" derken hiçbir şey yapamayabilirler. İnsanın düşünce bakımından da esnek olması önemlidir.

Mesnevi'den Söz

Gönül aynasının fikir suretleri kabul etmesi, o aynada bu görülmemiş suretlerin görünmesi için kalplerini zikirle, fikirle cilalamışlardır. (I., 3154)

Olumsuz Düşünce Kalıbı:
Eksikliklerimi görmezden gelerek faydalı olabilirim.

HİKÂYE
Bahçıvan ve Kuru Ağaç

Bir bahçıvan bahçeye giderek oradaki kuru ağacı kesmeye teşebbüs etti. Kuru ağaç bahçıvana:

"Yiğit, suçsuz, günahsız niye benim başımı kesiyorsun?" dedi.

Bahçıvan dedi ki:

"Sus, kötü huylu. Kuruluğun suç olarak yetmez mi?"

Kuru ağaç:

"Ben doğruyum, eğri değil. Niçin suçum yokken beni kesiyorsun?" dedi.

Bahçıvan:

"Kutlu bir şey olsaydın da keşke eğri olsaydın, fakat yaş olsaydın! Öyle olsaydın ab-ı hayatı çeker, dirilik suyu ile karışır, hayat bulurdun. Tohumun kötüymüş, aslın kötüymüş, güzel bir ağaca ulaşamamışsın. Güzel bir ağaç dalı, kötü bir ağaca aşılansa o güzellik, kötü ağacın tabiatını da güzelleştirir."

Toplam Manevi Kazanım Bireysel Kazanımlardan Önemli ve Kârlı Olabilir

Hikâyedeki ağaç doğru ama kuru, başkasına faydası olmayan bir ağaç olarak tasvir ediliyor. Ağacın kesilmesine itiraz ederken verilen mesajla kişinin doğru görünmesinin illâ ki iyi olduğu anlamına gelmediği ironik olarak anlatılıyor. Ayrıca toplumsal faydanın kişinin bireysel doğruluğundan daha önemli olduğuna da vurgu yapılıyor. Kişi doğruluk için bir toplumsal kaynağı israf ediyorsa bu doğruluk zararlı bir doğruluktur. Bu tarz doğruluk onaylanmamalıdır.

Mesela kooperatif yöneticileri aidatını ödemeyen bir üye yüzünden kooperatifin işini engelleyip geciktirir. Burada yöneticilerin doğruluğu diğer üyelerin faydaları düşünüldüğünde at sineği gibi olur ve diğer üyelere zarar verir. Bazı durumlarda doğruluğa yorum getirmek gerekir. Mesela o kişi kooperatif toplantısında "Sen borcunu yatırmamışsın, borçlusun. Burada senin yüzünden kooperatif inşaatını geciktirirsem herkes zarar görecek. Bu yaptığın yanlış ama başkalarının hukukunu bozmamak için bunu bildiğim hâlde imzalıyorum" dediğinde doğruluktan vazgeçmeden doğruluğa yorum getirmiş olur.

Kriz durumunda esnek olmak gerekir. Doğruluğun içinde yorum gerektiren noktalar vardır. Doğruluk toplumsal faydaya göre yorumlanmadığı zaman toplum içinde olumsuz bir anlam kazanır ve değeri azalır. Hem doğru hem yaş ağaç olmak gerekir. Doğru olamıyorsa bile en azından yaş ağaç olmak daha iyi görünür. Çünkü kişi hem eğri hem de insanlara faydalı olabilir. Hatta ahir zamanda ibadet anlamında ciddi ihlalleri olan bazı kişilerin bile topluma kazandırdıkları faydadan dolayı Allah katında makbul olduklarına dair rivayetler vardır.

Bediüzzaman hazretleri, Ali Fuat Başgil, Necip Fazıl gibi isimler için söylemiş. "Bunlar eski zaman evliyası gibi kardeşim," demiş. Bunun bir örneği de Ali İhsan Tola'nın hatıralarında var. Onun yargılandığı Denizli mahkemesinde tesettürsüz bir hâkime hanım varmış. Bediüzzaman Hazretleri o hanıma selam göndermiş. Ali İhsan Tola da tesettürsüz diye selamı götürmemiş o hâkimeye. Ancak Üstad, o hâkime hanımın verdiği karar sayesinde çok insanın hakkının kurtarıldığını söylüyor.

Burada Bediüzzaman Hazretleri büyük fotoğrafa bakıyor. Ondan sonra Ali İhsan Tola hâkime hanımın ziyaretine gidip selamı götürüyor. Hâkime hüngür hüngür ağlıyor. Hatta "Ben neden Sedirkent'te hâkim oldum, keşke köyümdeki Hasan ile evlenseydim, ahiretimi mahvediyorum diyordum. Bu selam beni rahatlattı şimdi" diyor. Yani o selam onu da rahatlatıyor. Ümitsizliği kırılıyor. Burada müthiş bir ders var.

Bazı insanların şahsî kusurları topluma getirdikleri faydanın yanında ufak kalır. Bilge kendine şekil verir, âlim başkalarına şekil verir, arif ise hem kendine hem de başkalarına şekil verir. Bir insan bilgelikle manevi bakımdan ilerleyebilir. Bir diğer insansa kendine çok iyi şekil veremeyebilir ama başkalarını şekillendirmesinden, iyi insanlar yetiştirmesinden ve onların yaptıkları iyiliklerden kazandığı sevapla kurtulabilir. Bu nedenle sanayide toplam kalite varsa manevi başarıda da toplam kazanım vardır.

"Başarırım" diye düşünen insan eğer hiçbir şey yapmıyorsa kötü bir ağaca benzer. Kötü bir ağaca güzel bir ağaç aşılanırsa o ağaç da meyveler vermeye, verimli olmaya başlar. O zaman hiçbir bahçıvan onu kesmez. Kötü bir ağaca aşı yapıldığında o ağaç bile değişebiliyorsa kötü bir insan da mutlaka değişebilir. İnsanların bazı kötü yönleri olsa da birtakım hâlleriyle iyiliğe yol açabileceklerini unutmamak gerekir.

Mesnevi'den Söz

Eski ve tecrübe görmüş akıl sana yeni bir baht bağışlar.
(III., 147)

Olumsuz Düşünce Kalıpları:
İşimi yaparken ya da kötü bir durumla karşılaştığımda bana yardım etmesi için her zaman yanımda birilerinin olmasına ihtiyaç duyarım.
Karar verirken diğer insanların yardımına ya da bana ne yapacağımı söylemelerine gereksinim duyarım.

HİKÂYE
Ayak İzi

Bir adam, odasında hırsız görüp kovalamaya başladı. Birkaç kere peşinden dolaştı, iyice terledi. Nihayet son saldırışta hırsıza yaklaştı. Bir sıçrasa tutacaktı.

Biri:

"Buraya gel de bela nişanelerini gör! Çabuk ol savaş eri, çabuk gel de buradaki ahvali bir gör" diye bağırdı.

Adam, herhalde orada da bir hırsız olacak, hemen gitmezsem başıma bela kesilecek, çoluğuma çocuğuma el uzatacak. O vakit bunu tutmaktan ne faydam olur? Bu Müslüman, kerem edip beni çağırıyor. Hemencecik gitmezsem herhalde bir kötülüğe düşeceğim deyip, o iyilikçi Müslüman'ın şefkatine güvenerek hırsızı bıraktı, yola koyuldu.

Vardığında:

"Aziz dost ne var?
Böyle kimin elinden feryat ediyorsun?" dedi.

Adam:

"İşte, hırsızın ayak izine bak. Hırsız çalacağını çalıp bu tarafa gitmiş. İşte o kaltabanın ayak izi. Yürü, bu izi izle, ardından koş!" dedi.

Adam:

"Be ahmak, sen ne söylüyorsun? Ben onu tutmuştum. Sen bağırınca koyuverdim. Sen bir eşekmişsin meğer. Bense seni adam sandım. Bu ne herze, bu ne hezeyan? Ben kendisini tutmuştum, ayak izini ne yapayım? Sen bir hilebazsın yahut aptalın birisin. Hatta belki de hırsızın ta kendisisin ve bu işi de mahsus yaptın."

Öbürü:

"Ben ayak izini gösteriyorum. İşin hakikatinden haberdarım" dedi.

Adam dedi ki:

"Sen ya düzenbazsın ya ahmak, belki de hırsızın ta kendisisin de işi biliyorsun. Ben hasmımı çeke çeke yakalamak üzereydim. Fakat senin yüzünden bıraktım. Sen ise işte ayak izi diyorsun. Sen cihetten bahsediyorsun, bense cihetlerden çıkmış, kurtulmuşum."

Güvenli Davranış İçin Sağlıklı Özgüven Gerekir

Adam evine giren hırsızı tam yakalamak üzereyken diğer kişi onu "Gel" diye çağırıyor. Ev sahibinin burada ne yapacağı konusunda hızlı karar vermesi gerekiyordu. Kararı onu ne olduğu belli olmayan sese doğru yöneltti. Böyle bir durumda stratejik karar hedefe ulaşmak, hırsızı yakalamaksa bu hedefe giderken alınacak taktiksel karar da en yakın hedef olmalıdır. Adamın uzaktan gelen sese gitmesi bir seçenekti. Ama kanıt değeri bakımından gelen sesin değeri ile adamın yakalamak üzere olduğu hırsızın kanıt değeri aynı değil. Üstelik gelen ses çok da bildiği, güvendiği bir ses değil. Yanlış karar verdiği için hırsızı elinden kaçırıyor, sonra da karşı tarafı suçluyor. Bunun yerine kriz anında iyi bir muhakeme yapması, onu yapamadıysa da sonuçta özeleştiri yapması gerekiyordu.

Ev sahibinin hatalı karar vermesinde onun özgüven eksikliğinin de payı olabilir. Yani hırsızı yakalayabileceği konusunda yeterince güvenli değilse başkasının sözüyle hareket etmiş olabilir. Zaten, "Yakın olan hedef ilk hedeftir" sözü de özgüveni olan kişilerin sözüdür.

Özgüven eksikliği olan kişilerde özerklik duygusu zayıftır ve hep başkalarına dayanarak, güvenerek ilerlemek isterler. Dolayısıyla tek başlarına karar veremezler. Yani bir insanın hızlı ve tek başına doğru karar verebilmesi için sağlıklı bir özgüveninin olması gerekir.

Böyle durumlarda savaştaymış gibi düşünmek, en kötü ihtimali düşünüp en iyiyi beklemek gerekir. Buradaki adam kötü ihtimali düşünmüyor. En kötü ihtimali düşünseydi "Bu sesi tanımıyorum, belki de bu hırsızın ortağıdır" diyerek ona göre hareket edebilirdi. Demek ki kriz durumlarında en kötü ihtimale göre tedbir alıp ondan sonra karar vermek gerekir. Bu şirketlerin sözleşmelerinde de vardır. Sözleşmeler en kötü ihtimal gözetilerek yapılır. En sonuna da "Anlaşmazlık hâlinde filanca şehrin filanca mahkemeleri yetkilidir" ibaresi konur. Düşünün, bir işe başlıyorsunuz ve daha başlarken sözleşmeye ihtilafla ilgili bir madde koyuyorsunuz. Bu tatsızdır ancak gereklidir.

Bunun dışında, hata yapmamak için "düşünce üzerine de düşünmek" önemlidir. Aklımıza ilk gelen düşünceler işlenmemiş, ham, çiğ düşüncelerdir. İnsan bu düşünceleri uygun mu değil mi, güvenli mi değil mi gibi sorularla işler. Ondan sonra karar verir. Bunu yapamadığı zaman güvenli olmayan bir davranışa gidiyor demektir. Sağlıklı bir özgüven böylesi bir sorgulamayı da gerektirir; özgüven körü körüne kendine güvenmek değildir.

Mesnevi'den Söz

Yüz türlü oyun görüp, yüz türlü tecrübe geçirip akıbeti gören kişi bir tek oyun görene benzemez. (II., 1978)

Olumsuz Düşünce Kalıpları:
Başkaları beni eleştiriyorsa bunda haklıdırlar.
Diğer insanlar bilerek beni aşağılıyorlar.

HİKÂYE
Dört Hintli

Dört Hintli bir mescitte namaza durmuşlar, rüku ve sücuda koyulmuşlardı. Her biri niyet edip tekbir alarak huzur ve huşuyla namaz kılmaktaydı. Bu sırada müezzin içeri girdi. Hintlilerin birisinin ağzından gayriihtiyari bir söz çıktı:

"Müezzin, ezanı okudun mu, yoksa vakit var mı?"

Öbür Hintli, namaz içinde olduğu hâlde:

"Sus yahu, konuştun, namazın bozuldu" dedi.

Üçüncü Hintli ikincisine dedi ki:

"Onu ne kınıyorsun baba, kendi derdine bak, kendini kına!"

Dördüncü:

"Hamdolsun, ben üçünüz gibi kuyuya düşmedim" dedi.

Hülasa dördünün de namazı bozuldu.

Âlemin ayıbını söyleyen daha fazla yol kaybeder.

Ne mutlu o kişiye ki kendi ayıbını görse onu alır, o ayıbı kendisinde bulur.

Eleştirilerde "Dur, Düşün, Sonra İnan"

Başkasının ayıbıyla uğraşan insanların zihin dünyalarında yanlış inanışlar vardır. Bu yanlış inanışlardan biri kendini kanıtlama çabasıdır. "Ben biliyorum, ben bir hata yakaladım" diyerek kendilerini kanıtlamaya çalışırlar. Bazıları da kibirlidirler ve yalancı bir özgüvenleri vardır. Bazı insanlarınsa özgüvenleri o kadar zayıftır ki "Beni eleştiriyorlarsa haklılardır" diyerek başkalarının haklı ya da haksız olup olmadığına bakmadan inanıp ona karşılık verirler.

Hikâyedeki mesaj aslında eleştiri analizinde çok önemli bir bakışı getiriyor. Bir eleştiri duyduğunuzda "Bu eleştiri benim şahsıma mı yapılıyor, uygun mu değil mi, doğru mu, değil mi?" gibi sorular sormanız lazımdır. Bazı insanlar eleştiri üzerinde düşünmeden, kendileriyle ilgili bir nedene bağlayarak karşı tarafı düzeltmeye çalışırlar. Başkalarının davranışlarına değil, kendi davranışlarımıza odaklı yaşamak öncelikli hedef olmalıdır. Başkalarının davranışlarına göre hareket eden kişiler hem kendilerine hem de etraflarındakilere zarar verirler.

Yapılan eleştiri kişiliği mi hedefliyor yoksa davranışları mı, önce buna bakmak gerekir. Kişiliği eleştiriyorsa o eleştiri anlamsız, kötü niyetli bir eleştiridir. Ama herhangi bir art niyet taşımadan sadece var olan bir hatayı düzeltmek niyetiyle yapılmışsa o eleştiriyi dikkate almak gerekir. Mesela karşımızdaki kişi bize "Sen cimrisin" dediğinde genelleme yapmış olur ve kişiliğimizi eleştirir. Ama belli bir davranışı eleştirirse ve "O davranış cimrilik gibi anlaşılıyor" derse o zaman bize hatalı davranışımızı düzeltme şansı vermiş olur. Yani eleştiride genelden özele değil, özelden genele gitmek gerekir. O zaman analitik eleştiri yapmış oluruz. Böyle durumlarda eleştiri, yapılan kişiye iyilik sağlar. Bir bakıma hediye kadar değerlidir.

Bu hikâye bize eleştiri kültürü ve ahlakını hatırlatıyor. Kişi kendisine yönelik eleştirilere onun hakkında düşündükten sonra inanmalıdır. Yani dur, düşün, sonra inan. Eleştiren kişi haklıysa, eleştirilen kusurunu öğrenmiş olur. Haksızsa eleştiriyi dikkate almaması gerekir.

***Mesnevi'den* Söz**

***İbret almayı, uyanmayı, Allah'tan dile; kitaptan, sözden, harften, dudaktan değil!* (III., 3271)**

Olumsuz Düşünce Kalıbı:
Başarısız olunacak bir işle uğraşmaktansa hiçbir şey yapmamak daha iyidir.

HİKÂYE
Bedevi İle Filozof

Bir bedevi, devesine iki dolu çuval yüklemiş götürüyordu. Kendisi de iki çuvalın ortasına oturmuştu. Birisi yolda onu lafa tuttu. Bedeviye yurdunu sordu, onu konuşturdu. Bu soruşturma ile güzel sözler söyledi, hoş ifadelerde bulundu. Ondan sonra da dedi ki:

"Bu iki çuvalda ne var? Doğruca söyle!"

Bedevi:

"Birinde buğday var, diğerinde kum,
yiyecek bir şey değil!" dedi.

Filozof:

"Neden kum yükledin?" diye sordu.

Bedevi:

"Buğday çuvalı tek kalmasın, kum çuvalı ona denk olsun diye" cevabını verdi.

Filozof:

"Akıllılık etseydin de buğdayın yarısını bu çuvala, yarısını da öbür çuvala koysaydın, daha iyi olmaz mıydı? Böylece hem çuvallar hafiflerdi hem devenin yükü" dedi.

Bedevi bu fikri pek beğenip:

"Ey akıllı ve hür fikirli filozof" dedi. "Böyle ince düşünce, böyle güzel görüş sahibi olduğun hâlde neden böyle çıplak hâldesin, yaya yürüyor, yoruluyorsun?"

O iyi kalpli bedevi, filozofa acıdı da onu deveye bindirmek istedi. Sonra dedi ki:

"Ey güzel sözlü filozof, birazcık kendi hâlinden bahset. Böyle bir akılla, böyle bir yeterlilikle sen ya vezirsin ya padişah. Kendini gizleme, doğru söyle!"

Filozof dedi ki:

"İkisi de değilim. Ben halktan biriyim. Hâlime, elbiseme baksana!"

Bedevi:

"Kaç deven, kaç öküzün var?" diye sordu.

Filozof:

"Uzun etme! Ne ona sahibim ne buna!" cevabını verdi.

Bedevi:

"Bari dükkânındaki mal ne, sermayen nedir, onu söyle!" dedi.

Filozof:

"Benim ne dükkânım var ne de mekânım."

Bedevi:

"Öyleyse paranı sorayım; ne kadar paran var? Sen yapayalnız gidiyorsun, hoş nasihatlerde bulunuyorsun. Herhalde dünyadaki bakırları altın hâline getirecek kimya sendedir. Aklın ve ilmin cevheri sende kat kattır" dedi.

Filozof:

"Ey Arap kavminin iftiharı! Vallahi bütün varım yoğum, bir akşam yemeğinin karşılığı bile değildir. Yalınayak, başıkabak koşup duruyorum. Kim bir dilim ekmek verirse oraya gidiyorum. Bu kadar hikmet, fazilet ve hünerden ancak hayal ve baş ağrısı elde ettim" dedi.

Bedevi dedi ki:

"Yürü, yanımdan uzaklaş! Senin uğursuzluğun benim başıma da çökmesin. O uğursuz hikmetini benden uzaklaştır. Senin sözlerin, zamane halkına uğursuzdur. Ya sen o yana git ya ben bu yana gideyim. Yahut sen önden yürü, ben arkadan yürüyeyim. Bir çuvalımda buğday, öbüründe kum olması, senin hikmetinden daha iyi be hayırsız! Benim ahmaklığım, çok mübarek bir ahmaklık. Çünkü gönlüm kanaatkâr, canım takvalı. Sen de şikâyetin, bedbahtlığın azalmasını istiyorsan, çalış çabala da bu düşüncelerin azalsın."

Kendisine Faydası Olmayan Filozof

Hikâyeyi bedevi açısından ele aldığımızda, filozofun o kadar bilgi ve hikmete sahip olduğu hâlde varlıklı olmamasını ondaki hikmetin zararı olarak yorumluyor. Filozofun başına gelenlerin gerçek nedenlerini bir kenara bırakarak ondan faydalanma şansını reddediyor. Bunu da "Sana faydası olmayan ilmin, hikmetin, hünerin bana da faydası olmaz" gerekçesine dayandırıyor. Hikâyede ilim, hikmet ve hünerden bahsediliyor. Bunların hepsi iyi amaçla kullanılırsa iyi ve güzel sonuçlar verir. Kötü amaçla kullanılırsa kötü şeylere neden olur. Şuna benziyor: Mesela bir hırsız çok çalışkansa zengin bir hırsız olabilir. Onun hırsızlığını görüp çalışkanlık sıfatını reddedemeyiz.

Bedevinin olayları ayrıştırarak düşünmesi gerekir. Hikmet, fazilet ve hünerin faydalı olup olmaması ayrıdır, bunlara sahip olan kişinin bu meziyetlerden yararlanıp yararlanmamış olması ayrı. Bedevi maddi faydası olmadığında bu özelliklerin hepsini birden reddettiği için toptancı davranıyor. "Oysa bu kadar bilgiye rağmen bunların sana nasıl faydası olmamış?" diye araştırması lazımdı. "Normalde bu özellikleri olan bir kimse zengin olmasa da bu kadar sefil de olmaz" diyerek soruşturmalıydı.

Filozof da sahip olduğu fazilet, hikmet ve hüneri iyi amaçlar uğrunda kullanma konusunda başarılı olamamış. Bilirsiniz, eski medreselerde her türlü ilim öğretilirmiş. Oradaki derslerden biri de ilm-i siyaset dersiymiş. Talebelerden birisi bir gün "Benim ilm-i siyasete ihtiyacım yok. Arapça, nahiv, kelam öğrendim. Ben gidip bildiklerimi insanlara anlatmak istiyorum" diyor. Hocası, "Bak, ilm-i siyaseti de öğren, ondan sonra git, bildiklerini anlat" diyor. Fakat talebe hocasını dinlemiyor. Gidiyor ve bildiklerini insanlara anlatmaya başlıyor. Ancak anlattığı her yerde de sopa yiyor ve kovuluyor. Bunun sebebini bir türlü anlayamıyor. Bir gün dönüp hocasına soruyor. O da "İlm-i siyaseti bilmediğin için böyle oldu" cevabını veriyor. Daha sonra ilm-i siyaset dersini de alıp eğitimini tamamlayarak ders vermeye gidiyor. Yine aynı yerde aynı şeyleri anlatıyor ama bu sefer uygun yerde, uygun şekilde ve uygun dozda söylüyor. Söylenen sözün kabul edilebilirliğine bakıyor. Yani neyi söylediğiniz kadar nasıl söylediğiniz de önemlidir.

Hikâyede de fazilet, hikmet ve hünerini zamanında ve yerinde kullanamayan bir filozof var. Filozofların bildiklerinden yararlanamamalarının sebebi genellikle bildiklerine uymayan egolarının, kibirlerinin olmasıdır. Başkalarına faydaları dokunurken kibirleri nedeniyle kendilerine faydaları olmaz. Bedevinin filozofu kendinden uzaklaştırmasının nedenlerinden biri de onun kibrinin kendine de bulaşmasından korkmasıdır. Ama bedevi akıllı olsaydı filozofun doğru davranışlarından yararlanır, hatalı davranışlarına sınır koyabilirdi. Böylece kendi adına daha doğru davranmış olurdu. Bir insanın başarısız bir iş yapmasındansa yapmamasını evla görmüş, bu yüzden filozofun kıymetini toptan reddetmiş.

Filozof açısından bakarsak da; kişinin kendine fayda getirmeyen ilmin başkaları tarafından da reddedildiğini görürüz. Demek ki insanın bilgisi önce kendisine hizmet edecek. Bildiklerini kendisi hayata geçirebilirse diğer insanlar da onu örnek alabilir. Bediüzzaman Hazretleri'nin koyun ve kuş örneği vardır. Koyun otlar, otu sindirir, hazmeder. Süt olarak içimi kolay ve güzel gıda verir. Kuş ise yediğini ağzında tükürüğüyle karıştırır, yavrusuna verir. Yavrusu onu zorlukla hazmeder. Âlim koyun gibi olmalı, kuş gibi olmamalıdır. Kendi anlattığı bilgileri almalı, hazmetmeli, ondan sonra başkalarına vermeli.

Mesnevi'den Söz

Hikmet arayan hikmet kaynağı olur, tahsilden ve sebeplerden kurtulur. (I., 1064)

Olumsuz Düşünce Kalıbı:
Sahip olduklarımı ancak sıkı sıkıya elimde tutarak koruyabilirim.

HİKÂYE
Şeyban-ı Rai ve Kerameti

Şeyban-ı Rai adında bir ermiş vardı. Her gün koyunlarını alır ve dağa çıkarırdı. Burada güderdi. Cuma günleri de namaza gideceği zaman koyunların çevresine bir daire çizer öyle giderdi. Şeyban-ı Rai gittiği zaman dışarıdan hiçbir şey o dairenin içine girip koyunlara zarar veremez, koyunlar da dairenin dışına çıkamazdı.

Kulluğunu Dünyevî ve Maişet Endişesi ile Unutmayanların Görünmez Yardımcıları Olur

Burada sıradışı bir insan söz konusudur. Bu zat ermişliği yoluyla malını, varlığını bu şekilde koruyor. Bu koruma, ermişliğinin bir sonucu olarak ona verilmiş bir lütuf. Koyun Baba hikâyesi vardır. Koyun Baba da dağda koyun güden bir velidir. Dağda ermişliği devam ediyor. Şehre inerken bir mendilin içinde süt götürüyor. Fakat orada bir şehirli kadın gördüğünde süt şıp şıp diye damlamaya başlıyor. Niyet bozulunca keramet de gidiyor. Buradan "Dağda ermiş olmak kolay, şehirde ermiş olmak zor" gibi bir mesaj çıkıyor. Hikâyedeki ermiş namaz için dağdan ayrıldığında da ermişliğini devam ettirmeyi başarabiliyor. Kurtlar bile sürüye zarar veremiyor. Burada her şartta ermiş olabilmek için doğru istikamette kalmayı başarabilmek önemlidir. Şeyban-ı Rai adındaki derviş her istihkâmda doğru istikamette kalmayı başarmış. Bunu başardığı için de onun her hâlükârda görünmez yardımcıları olmuş, varlığını korumuş. Şeyban-ı Rai, "Koyunları yalnız bırakmak olmaz, kurtlar yiyebilir, ben cumaya gitmeyeyim" diyebilirdi. Ama böyle demiyor. "Malı Allah veriyor, onun verdiği şeyi onun korumasına havale ediyorum" diyerek cumaya gidiyor. Yani dünyevî gerekçelerle uhrevî kararları iptal ve ihmal etmiyor. Okuduğumuz hikâyeden çıkacak mesaj Şeyban-ı Rai'nin "Koyunlarımdan başka bir şeyim yok" gerekçesine rağmen cumayı terk etmemesidir. Bu manayı yakalamak ve yaşamak hepimiz için geçerli. Hikâyedeki kulluk dersi ermiş tarafından bu şekilde veriliyor. Ayrıca koyunlar ermişe bağlı kalarak onun çizdiği sınırın dışına çıkmıyorlar ve bağlılıklarının sonucu olarak onların canları da korunuyor.

Mesnevi'den Söz

Şükret, mağrur olma, ululanma; kulak ver, kendini hiç önemseme. (I., 3257)

Olumsuz Düşünce Kalıbı:
Diğer insanlar ne kadar özel biri olduğumu
fark etmelidirler.

HİKÂYE
Sineğin Kibri

Sineğin biri kendini çok önemli bir varlık olarak görürdü. Kendi kendine:

"Şüphesiz ki, ben bu zamanın Zümrüdüanka kuşuyum, benden daha yüce kimse olamaz" derdi.

Günlerden bir gün, eşek sidiğinin içindeki bir saman çöpüne kondu. Eşeğin sidiğini uçsuz bucaksız bir deniz, saman çöpünü gemi, kendini de kaptan sandı.

"İşte bu bir deniz, üstünde durduğum da benim mükemmel gemim. Ben de engin denizleri aşan dünyanın en büyük kaptanıyım" diye düşünerek kendi kendine gururlandı ve koltuklarını kabarttı.

Güneşten haberi olmayan buzun kendini bir şey zannetmesi gibi kendinden habersiz, kendini bilmeyenin durumu da böyledir.

Kibir Zihinsel Körlük Yapar

Burada kibrin insanda nasıl realite körlüğü yaptığının güzel bir örneği var. Bu zihinsel körlük çevreyi yanlış algılamaya sebep olur. Böylece kişi kendini özel biri olarak görür. Zihinsel körlük içindeki kişiler, kendi hayal dünyalarında fantezilerle yaşarlar. Bu kişiler "Başkaları benim ne kadar özel ve üstün biri olduğumu fark etmeliler" diye çabalarken kendi kusurlarını görmedikleri için aslında bataklık içinde olduklarını anlayamazlar. Bu yüzden diğer insanların nazarında daha kötü bir duruma düşerler.

Kibirli insan, kıymet boyu kısa olduğu için kendini yüksek göstererek parmakları üzerine kalkarak insanlarla ilişki kurar. Ama kıymet boyu yüksek olan kişiler ilişkilerini eğilerek kurarlar. Kıymet boyları yüksek olduğu için dünya ile alçakgönüllü bir ilişkileri vardır. Kibirliler ise hep kendilerini göstermeye çalışırlar. Aslında kibirli insanlar özgüven eksikliği olan insanlardır. Bu, narsistik kişilerin özelliğidir. Kendilerini aslında değersiz gördükleri için sürekli olarak kendilerini ispatlamaya çalışır ve överler. İçinde bulundukları hâlin farkına da varmazlar. Bu nedenle hak etmedikleri şeyleri kendilerine mal ederler.

Bu kişilerin çocukluklarına baktığımızda hep eleştirilerek büyütüldüklerini görürüz. Kişisel gelişimleriyle bu özelliklerini telafi edemezlerse eleştiriyi insanlarla iletişim kurma biçimi hâline getirirler. İnsanlar dışarıdan göründüğü gibi olmayabilirler. Mezarlıkta ıslık çalan insanlar vardır, ne kadar cesur insan dersin. Aslında o korkusunu bastırmak için ıslık çalmaktadır. Kendini o şekilde rahatlatır. Kibirli insanlar da başkalarını eleştirerek kendilerini rahatlatırlar. Bir bakıma kendilerini kandırmanın üstadı olmuşlardır.

Kibirli insanların karşılarına gerçekten donanımlı insanlar çıktığında buzun güneşin karşısında erimesi gibi karizmaları yok olur. Haddini bilmek, kişilik sınırlarını bilmek çok önemlidir. Böylelikle insan toplum içinde küçük duruma düşmez. Bu hikâyede de sinek kendini Zümrüdüanka sanıyor ve haddini bilmediği için berbat bir hâle düşüyor.

Mesnevi'den Söz

***Böbürlenerek başlar kıran kişiye ne Allah'ın merhameti nasip olur, ne halkın!* (IV., 1858)**

Olumsuz Düşünce Kalıpları:
Rahatsızlık verici duygulara katlanamam.
Ne pahasına olursa olsun rahatsızlık verici
durumlardan kaçınmalıyım.

HİKÂYE
Vaizin Duası

Bir vaiz vardı. Bu vaiz minbere çıkar çıkmaz kötülere duaya başlardı:

"Ya Rabbi, kötülere, fesatçılara, isyancılara, yol kesenlere merhamet et. Hayır sahipleriyle alay edenlerin hepsine, bütün kâfir gönüllülere, kiliselerde bulunanlara merhamet et" derdi.

Bu durumdan rahatsız olan halk, bir gün vaizin başına toplandı:

"Biz böyle bir şey görmedik. Neden kötülere dua edip duruyorsun?" dediler.

Vaiz:

"Ben onlardan iyilikler gördüm. Bu yüzden onlara dua etmeyi âdet edindim. Onlar bana o kadar kötülükte bulundular, o derece zulmettiler ki nihayet beni şerden kurtardılar, hayırlara ulaştırdılar. Ne zaman dünyaya yönelsem onlardan eziyet gördüm, meşakkatler çektim, dayaklar yedim. Bu yüzden de iyiliklere yöneldim, onların bu yaptıkları beni yola getirdi. Benim iyiliğime sebep olan onlardır. Onlara dua etmeyeyim de kime edeyim?" diye cevap verdi.

Kötü Olaylarda Gizli Geliştirici Güçler

Vaizin başına gelen kötülükler onun hayatında kamçı yerine geçmiş; şevkini, motivasyonunu arttırmış ve iyiliklere daha çok sarılmasını sağlamış. Ateşin cevherdeki değerli madenleri ayırt etmesi gibi insan, başına gelen kötülüklerde verdiği tepkiye göre içindeki iyi insanı ortaya çıkarır. Vaizin teşekkürü, madenin ateşe teşekkür etmesi gibidir. O kötülükleri yaşamasaydı, içindeki iyilikler gizli kalacaktı. İyiliğini ortaya çıkarmasına vesile oldukları için kendisine kötülük yapanlara minnettar kalıyor. Vaiz açısından bu olumlu bir davranış ancak halk onun bu yaklaşımını kötülüklerin artmasını istiyormuş gibi algılıyor. Demek ki söylediklerimizin muhataplarımız nezdinde nasıl anlaşıldığı da önemlidir. Vaizi dinleyen insanlar "Vaiz bu kötülüklerin artmasını istiyor" diye düşündüklerinden onu sorguluyorlar. Çünkü halk vaizin içi âleminden uzak, görüneni, yüzeysel olanı algılıyor.

Kötülüklere karşı iki bakış vardır. Biri herhangi bir şeyin içinde kötülük varsa onu tamamen yok etme anlayışıdır. Burada o kötülüğü düşman kabul etme anlayışı vardır. Muhattiye (doğru bir tanedir, onun dışındakilerin hepsi yanlıştır görüşünde olanlar) içinde kötü olan her şeyi reddeder. İslam âlimleri arasındaki yaklaşımda musavvibe (doğrunun birden fazla olabileceği görüşünde olanlar) var ki bunlara göre tek doğru yoktur. "Hakikatin değişik renkleri vardır". Birincisi iki uçlu, siyah-beyaz düşüncedir. İkincisi ise gri renkleri de görür. İki uçlu düşünmek insanların kutuplaşmasının temel nedenidir. Düşünce esnekliği ise insanlar arasında diyalogu pekiştirir, hoşgörüyü artırır. Risk altındaki insanları kurtarmayı kolaylaştırır. Kötülüğe düşme riski olan insanlarda kurtulma ümidi uyandırır. Özellikle çağımızda kurtla kuzunun bir arada yaşadığı bir zamandayız. Renklerin bu kadar karıştığı bir zamanda bir şeyi tamamen karşımıza almak yerine o şeyin iyi ve kötü özelliklerini ayırıp dereceli bir şekilde ele almak gerekir. Onun için vaiz, kötülükleri de kaderden gelen bir hikmet olarak görüp Rabbine yaklaşma noktasında kendisine stratejik hedef, fırsat olarak belirlemiş. Kötülüklere bu gözle bakabilenler onlardan ders bile çıkarabilirler. Bu kişilerin ego ideali Allah'a yaklaşmak olduğu için "Bu olay O'na yaklaşmam için bana ne öğretti" diyebilirler. Yaşadığından ders çıkarır ve o kötülük onu güçlendirir. Nietsczhe'nin "Beni yıkmayan darbeler, beni güçlendirir" sözündeki gibi bu darbeler böylesi kişileri güçlendirir ve motivasyonlarını artırır.

Merkez Efendi, Sümbül Efendi'nin talebesidir. Sümbül Efendi talebelerini topluyor ve "Eğer Allah'ın yerinde olsaydınız, dünyayı ve kâinatı nasıl yaratırdınız?" diye soruyor. Bir talebesi, "Her şeyi iyi olarak yaratırdım" diyor. Diğeri, "Bütün kötülükleri ortadan kaldırırdım" diyor. Merkez Efendi de "Ben her şeyi merkezine bırakırdım" diyor. Ondan sonra Sümbül Efendi vekâleti Merkez Efendi'ye veriyor. Çünkü Allah'ın kötü ve çirkin gözüken şeyleri yaratmasının da bir amacı, hedefi, hikmeti var. Daha iyilerin ortaya çıkması içindir. Biz eğer olaylara sadece dünyevî açıdan bakarsak çocukların katledilmesi, savaşlar, insanların açlık çekmesi gibi durumlar hâşâ merhametsiz bir Allah var diye düşünmemize sebep olabilir. Oysa her bilenin üzerinde bir bilen vardır ve O her şeyi bir hikmet üzere yaratmıştır.

Hikâyede kötülüklerin, şerlerin yaratılmasının bir hikmeti olduğu, dünyanın bir imtihan dünyası olduğu ve imtihanın olması için de muhakkak artılarla birlikte eksilerin de olması gerektiği anlatılmak istenmiş. Sıcakla soğuk, karanlıkla aydınlık gibi... Her yer aydınlık olsa aydınlığın kıymeti bilinmez. Kötülük olmasa iyiliğin değeri bilinmez.

Hastalıklar olmasaydı belki iç organlarımızın yerini bile öğrenmeye tenezzül etmezdik. İnsanlığın bir şeyleri keşfedebilmesi için yaratılış yasası olarak kötülüğün tasallutu gerekiyor. Kötü ve kötü şeyler saldırdığı zaman buna paralel gelişmeler meydana gelir. Eğer kötü ve kötülük olmasaydı insanlık gelişmez, bir noktada kalır, ilerlemezdi.

Mesnevi'den Söz

Bir yandan korkuya, bir yandan ümide düştün mü iki kanadın olur.
Bir kanatlı kuş katiyen uçamaz, acizdir. (II, 1554)

Olumsuz Düşünce Kalıbı:
Çirkinim. (Vücudum nefret uyandırıcı)

HİKÂYE
Güzellik Bakan Gözdedir

Padişahın biri, Mecnun'un aşkından deli divane olup çöllere düştüğü Leyla'yı çok merak eder. Leyla'nın bulunup huzuruna getirilmesini emreder. Leyla'yı bulup getirirler. Padişah Leyla'yı görünce hayretler içinde kalıp sorar:

"Mecnun'un aşkından deli divane olup dağlara çöllere düştüğü Leyla sen misin? Senin öyle fevkalade bir güzelliğin olmadığı gibi, sıradan bir kadından hiçbir farkın yok. Hâl böyle iken nasıl olur da Mecnun senin için deli divane olur?"

Leyla hiç tereddüt etmeden cevap verir:

"Padişahım sus!.. Çünkü sen Mecnun değilsin. Bendeki güzelliği görebilmen için sende Mecnun'un gözlerinin olması ve bana Mecnun'un gözleriyle bakman gerekir" der.

Padişah bu haklı sözler karşısında söyleyecek bir şey bulamaz, susup kalır.

Sevginin Ön Şartı Fiziksel Güzellik Değildir

"Güzellik bakan gözdedir" sözünü vurgulayan bir hikâye... Aşk insanda duygusal körlük meydana getiriyor. Kişinin hissettiği yoğun duygular, sevdiğinin kusurlarını görmesini engelliyor. Engellediği için de ortalama bir insan için kusur olan bir şey o kişi için kusur olmuyor. Mecnun açısından konuyu ele aldığımızda onun burada aşk hastalığına tutulduğunu görüyoruz. Bu hastalığa yakalanan kişilerin duygusal körlük içinde olduklarını ve tehlikeyi düşünmediklerini, sevgi nesnelerine tutkulu bir şekilde bağlandıklarını söyleyebiliriz. Pervaneler gibi ateşin içine girip ölecek kadar bağlanırlar.

İleri derecede patolojik aşklarda kişi karşı tarafın kendine âşık olmadığını öğrenirse önce âşık olduğu kişiyi, sonra da kendini öldürmeye kadar gidebilir. Bu gerçek bir hastalıktır. Ama hikâyede önemli olan olayın felsefî boyutudur.

Birinci boyut, aşkın realite körlüğü yapmasıydı. Diğeri de Leyla'nın bunun farkına varmasıdır. Leyla burada kendisini olağanüstü görmüyor. Normal değerlendiriyor. Mecnun'un kendisini gözünde çok büyüttüğünü görüyor. Mecnun'dan kaçmasının hikmeti de burada gizlidir. Leyla, Mecnun'a inanmış olsaydı ondan kaçmazdı. Kaçtı, çünkü Mecnun'un aşkı sağlıklı bir aşk değil. Bu tarz âşık olanlar âşık oldukları kişiyi kölesi gibi, uzvu gibi görürler. Onu kendilerine mutlak itaat etmek zorunda bırakırlar. İtaat etmediği zaman kesip atarlar. Buna narsistik sevgi deniyor. Bencil bir sevgidir bu.

Mecnun'un sevgisi de bencildir. Karşı tarafın özelliklerini abartarak, onun gerçek kişiliğini değil abarttığı kişiliğini seviyor. Abarttığı kişiliğini sevdiği için bu kişiler âşık oldukları kişi için her şeylerini feda ederler. Mesela sevilen kişi "Bu burada değil, şurada duracak" dese o zaman bu psikolojideki âşık kişi aşkını tehlikede hissedip aşırı tepki verir. Bu tarz aşklar mesafesiz aşklardır. Bu tip aşkların içinde de her zaman acı, keder ve hüzün vardır. Aşkta sürdürülebilirlik ve ulaşılabilirlik önemlidir. Sürdürülebilir ve ulaşılabilir olmayan aşkların içinde elem, hüzün ve keder vardır.

Aslında hikâye padişahın çirkinlik anlayışını da sorgulayan bir hikâyedir. Mecnun'un güzelliğe verdiği anlam ile padişahın verdiği anlam farklı. Buradan da anlamamız gereken şey, güzelliğin göreceli bir kavram olduğudur. Güzellikte tek tip yoktur, çeşitlilik vardır. Bakana göre değişir. Bu nedenle kimse güzelliği tekeline almamalıdır. Bilimsel tanımlamada da güzellik için fiziksel özellikler var ama onunla birlikte kişinin yürümesi, oturması, kalkması, mimik ve jestleri gibi birçok değişkeni de göz önüne alınır. Davranış güzelliği de kişinin iç güzelliğiyle ilgilidir. Bir kadını güzel yapan şey onun fiziksel görünümü değil, sevimliliğidir. Çirkin bir fiziği olan kişi de sevimli olabilir. Bir başkası ise güzel ama soğuk olabilir.

Kısa ve ilk izlenimlerde fiziksel görünüm etkili, uzun birlikteliklerde de karakter güzelliği önemlidir. Ömür boyu aşkı düşünenler karakter güzelliğini ön plana alır. İnsanı insan yapan özelliklerin %20'si fiziksel görünümdür, %80'i ruhsallıktır. İlişkilerde fiziksel uyum önemlidir ama birinci planda değildir. Fiziksel olarak antipatik olmadıkça o kişiye çirkin denilmemesi gerekir.

Günümüzde modernizm fiziksel görünümü çok fazla yüceltiyor. Görünüme hizmet eden kozmetik sanayinin büyük bir endüstrisi var artık. Bu endüstri çıkarlarını korumak adına "Çirkinlik yoktur, bakımsızlık vardır" sloganıyla en güzel kadını bile makyaj yapmak zorunda bırakıyor. "Güzelsen değerlisin, güzel değilsen değerli de değilsin" şeklinde fiziksel görünüşün yüceltildiği bir ahlak anlayışı hâkim. Aslında bu bir ahlak anlayışı değil, erkeklik zaafıdır. Erkekte güzelliğe karşı bir tutku, kadında da güzelliği sergileme eğilimi vardır. Bu iki eğilim karşı karşıya geldiğinde bir zaaf alanı oluşur. Bu alanları kontrol edip edememeye göre kişiler güzellik kavramını tanımlarlar ya da değiştirirler. Erkek fıtraten fiziksel görünümü ön planda tutar ama hayat boyu beraberliği düşünen kanaatkâr ve akıllı bir erkek için fiziksel güzellik, öncelikler listesinde daha gerilerde yer alır. Karşı tarafın daha çok uyum alanlarını araştırır. Sevginin ön şartı olarak güzelliği görmemek önemlidir.

Bir insanın kendisini çirkin görmesi gerçekçi değildir. Kendini çirkin gören kişi kendinden nefret eder. Güzelliğin soyut boyutunu göremez. Bu yaklaşım tarzı insanın özgüvenine zarar verir ve kendine "Ben çirkinim" dedirtir. Estetik algılama bozukluğu ve beden imaj hastalığı bile ortaya çıkabilir.

Mesnevi'den Söz

Kim güzelliği mezada çıkarırsa,
ona yüzlerce kötü kaza yüz gösterir.
Düşmanların kem gözleri, kin ve öfkeleri, hasetleri;
kovalardan su boşalır gibi başına boşalır. (I., 1835)

Üçüncü Bölüm

DUYGUSAL ZEKÂDA ON ADIM VE MESNEVİ

BİRİNCİ ADIM: KENDİNİ TANIMA VE FARKINDALIK (Özbilinç)

Bu adım, kişinin kendini duygu, düşünce ve davranışlarını tanıması ve içgörü kazanmasını, ilgi, yetenek ve değerlerini fark edip şekillendirmesini sağlar. Eğitimde kişinin güçlü ve zayıf yönlerini öğrenebilmesi, değiştirebileceği ve değiştiremeyeceği kişilik özellikleri konusunda farkındalık kazanması öğretilir.

HİKÂYE
İnatçı Çırak

Bir zamanlar, bir ustanın şaşı bir çırağı vardı.
Bir gün ustası ona:

"Bizim eve git, rafta bir şişe var, onu alıp bana getir" dedi.

Çırak, hemen eve gitti, kapıyı açıp içeri girdi. Ustasının söylediği rafa bakınca, iki şişe gördü. Tekrar ustasının yanına dönüp seslendi:

"Ustacığım, söylediğiniz rafta iki şişe vardı. Hangisini getireyim?"

Ustası:

"O rafta sadece bir şişe var, git onu getir" dedi.

Çırak diretti:

"Beni gereksiz yere azarlıyorsun usta. O rafta iki şişe vardı. Hangisini getirmemi istiyorsan söyle, onu getireyim" diye itiraz etti.

Çırağını inadından bir türlü vazgeçiremeyeceğini anlayan usta: "Madem rafta iki şişe var diye inat ediyorsun, git birini kır, diğerini al getir" dedi.

Çırak tekrar eve gitti. Raftaki şişenin birini yere çalıp kırınca, ikisinin de gözden kaybolduğunu gördü.

Hayata Şaşı Bakanlar Eğer İnatçıysalar Şok Edici Dersler Vermek Gerekebilir

Bu hikâyede şaşı bir insanın şaşılığının farkında olmamasıyla karşı karşıyayız. Hâlinin farkında olmaması hata yapmasına sebep oluyor. Yani kendini tanımadığı için farkındalık kazanamıyor. Usta, şişenin kırılmasını göze alarak aslında çırağına önemli bir ders veriyor. Bu dersi vermek yerine, gidip kendisi şişeyi alsaydı çırak bu olaydan bir şey öğrenemeyecekti. İşin olması usta için ikinci plandadır. Çırağının yetişmesini istediği için raftaki şişenin kırılması riskini göze almıştır.

Usta, farkındalık oluşturmak için çırağına bir öneride bulunuyor. Çırağı da gidip şişeyi kırınca ustasının haklı olduğunu öğreniyor. Buradaki kazanç, ustasının çırağına ders vermesi ve onu yetiştirmesidir. Eğer işin bir an önce olmasını isteyip de şişeyi kendisi alsaydı sadece iş hâlledilmiş olacaktı. Ancak usta tercihini şişenin kırılması pahasına, çırağının farkındalık kazanması ve yetişmesinden yana kullanarak çırağına güzel bir ders vermiştir. Bu da ustanın bilgeliğinin göstergesidir.

Bu örnekte, çırağın gözünde ustasının yücelmesi, değer kazanması gibi görünmeyen bir fayda daha vardır. İnsanlar bazen gözlerinin önünde cereyan eden yanlışlığı seyretmekle yetinebiliyorlar. Oysa yerinde bir müdahale yapıldığında çırak örneğinde olduğu gibi yaşanan tecrübe kulağa küpe olabiliyor.

Öğrenme Sürecinde Düşünce ve Duyguların Bir Arada Kullanılması

İnsanlara öğretmek istediklerimizi teypten dinletir gibi aktarırsak kalıcı bilgi oluşmuyor. O bilgiye duygusal bir yük yüklemek de gerekiyor. Çünkü ancak disiplinli ve eğlenceli bir ortamda öğrenilenler kalıcı oluyor. Severek ya da bedel ödeyerek öğrenme kalıcı olabiliyor. Kişi dersten zevk alarak öğrendiği zaman bilgi kalıcı belleğe yerleşiyor. Zevk almadan, sevmeden öğrenilenler kuma yazılmış gibi kısa sürede dağılıp gidiyor.

Hikâyede çırağın kendisine öğretilmek istenen şeyi kalıcı belleğine kaydetmesi için şok yaşamasına ihtiyaç vardı. Usta da çırağın şok yaşamasını sağlayarak kalıcı bir öğrenme gerçekleştirdi. Mevlana bu hikâyede bizlere bilgilerin kalıcı belleğe kaydedilmesiyle ilgili bir yöntem anlatıyor. Aynı zamanda kişinin kendi durumunun farkına varmasının önemini vurgulayıp yanlışta ısrar etmemenin önemine değiniyor.

Mesnevi'den Söz

Yüz'de ısrar etme, doksan da olur

İnsan dediğinde, noksan da olur

Sakın büyüklenme, elde neler var

Bir ben varım deme, yoksan da olur

Hatasız dost arayan dosttan da olur.

***Peygamber bunu anlattı, dedi ki: Kim kendini bilirse, Rabbini de bilir.* (V., 2114)**

***İş ve söz, için tanıklarıdır. Bu ikisine bak da için nasıldır, anla.* (V., 236)**

İKİNCİ ADIM: BAŞKALARINI TANIMA ve EMPATİ (Sosyal Bilinç)

Bu adımda, kişinin çevresini, çevresindeki kişileri, olayları, yaklaşımları ve süreçleri nasıl algıladığına bakılır. Beklentilerinin belirlenmesi, tanımlanması, kendisine ve çevresine yönelik gerçekçi beklentiler geliştirebilmesi, karşısındaki kişinin bakış açısını kavrayabilmesi, başkalarının duygularına karşı hassasiyet kazanması, başkalarını daha iyi anlayabilme becerilerinin geliştirilmesi amaçlanır.

HİKÂYE
Bakkal ve Papağan

Bir bakkalın yeşil renkli, güzel sesli, söz söylemeyi bilen bir papağanı vardı. Bu papağan dükkânın bekçisi gibiydi. Alışverişe gelenlere nükteli sözler söyleyerek şakalar yapardı. Müşteriler bir şey sorduğunda insan gibi cevap verir, onlarla güzel güzel konuşurdu. Papağanlara has ötüşü de çok tatlıydı.

Efendi, bir gün evine gitmiş, papağan da bakkalda bekçilik yapıyordu. Tam o sırada bir kedi, kovaladığı fareyle birlikte dükkânın içine daldı. Can korkusuyla ne yapacağını şaşıran zavallı papağan, bir o yana bir bu yana kaçmaya çalıştı. Dükkânın bir köşesine sıçrayınca orada bulunan gül yağı şişelerini devirdi. Şişeler kırıldı, yağlar döküldü. Ortalık iyice karıştı. Hiçbir şeyden haberi olmayan dükkân sahibi işine döndü. Etrafına bakıp durumu anlayınca çok kızdı.

Papağanın üstüne dökülen yağlardan, bu işi onun yaptığını düşündü. O öfkeyle papağanın başına vurdu. Vurmasıyla da olan oldu. Papağanın başındaki tüyler döküldü. Kel oldu, dili tutuldu, konuşamaz oldu.

Bakkal yaptığına pişman olup ah vah etmeye başladı ama ne çare. Saçını sakalını yolarak, "Keşke elim kırılsaydı da o tatlı dilli papağanıma vurmasaydım" diye yakınması boşunaydı. Papağan kel başıyla, sessiz sedasız sinmiş bir vaziyette oturuyordu. Bakkal, papağanın eski neşeli hâline dönmesi için, etrafa sadakalar, hediyeler dağıttı. Aradan günler geçmesine rağmen kuş hiç konuşmadı.

Bakkal, papağanın bir daha hiç konuşmayacağı düşüncesiyle şaşkın ve ağlamaklı bir hâldeydi. Konuşturmak için türlü türlü acayip ve garip sesler çıkarıp papağanı neşelendirmeye çalıştıysa da fayda etmedi. Dükkân sahibi uğraşını sürdürürken, bir ara dükkânın önünden kel başlı bir derviş geçti. Papağan onu görünce konuşmaya başladı:

"Ey arkadaş, nasıl böyle kel oldun? Yoksa sen de mi gül yağı şişesini döktün?" diye seslendi.

Papağanın sözünü duyanlar gülmeye başladı. Çünkü papağan, kel başlı dervişin de kendisi gibi gül yağı şişelerini devirdiği için sahibi tarafından başına vurularak saçlarının döküldüğünü sanmıştı.

Travmaların Çözülmesi ve Empati

Hikâyeyi değerlendirmeye, sonundaki travmanın çözülüşünden başlayalım.

Şok yaşantılar, insanın beynine çözülmemiş travmatik yaşantılar hâlinde kaydoluyor. Beynin ağsal yapısını, kimyasını bozuyor. Bu da kişiyi bloke ediyor. Mesela, bir çocuk ani ve şiddetli bir yaşantı sonucunda hissettiği korkuyla konuşamaz hâle gelebilir. Önceki yıllarda hekimler çoğu zaman bunu kabul etmiyorlardı. Orada muhakkak başka bir hadise yaşanmıştır diye düşünüyorlardı. Ama son yıllardaki gelişmeler sayesinde beynimizin nasıl çalıştığı, nasıl düşündüğü daha iyi anlaşılabiliyor. Beyni en iyi açıklayan model "Network Modeli"dir. Bu model içerisinde beyindeki her davranışla ilgili çevrimler olduğu kabul edilir. O çevrimler şok yaşantılarla, korkularla beyinde aşırı derecede ACTH diye bilinen asetaj hormonu salgılar. Bu hormon da böbrekten kortizon hormonu salgılatır. Aşırı kortizon hormonu salgılanması sonucunda beyinde hiperkortikolizm oluşur. Böylece beyinde hedef alınan organ hangisiyse onunla ilgili olan network bozulur. Kimisinde konuşamamaya, kimisinde başka durumlara sebep olabilir. Yani herkesin strese duyarlı bir beyin alanı vardır ve bu durum oradaki fonksiyonu bozar. O organı bloke ederek bazı belirtilerin ortaya çıkmasına sebep olur.

Yaşanan bir başka olay kişiyi travmanın yaşandığı ana geri götürerek o anda unuttuğu, kullanmadığı bilgiyi hatırlamasını sağlayabilir. Geçmiş yaşantının, travmanın birdenbire benzer bir şekilde ortaya çıkarmasıyla o olay yeniden proses edilebilir. Kişi yaşadığı korkuyu proses edince, o korkunun bloke ettiği alanlar yeniden aktif hâle gelir.

Hikâyedeki papağanda da sanki buna benzer bir durum görüyoruz. Yaşanan şoku hatırlatan bir şeyle, bastırılan konuşma merkezi tekrar aktif hâle geliyor. Yani farkında olmadan çivi çiviyi söker anlayışındaki gibi papağanın yaşadığı travmatik an ile ilgili çağrışımlar harekete geçirilmiş. O anla bağlantı kurulduğu için papağan farkında olmadığı durumundan sıyrılıvermiş. Böylece travması çözülmüş.

Duygusal zekâ eğitiminin ikinci basamağı olan "empati" konusuna dönersek papağanın farkındalığı kendi çektiği acıyı çeken birini görmesi neticesinde gelişiyor. Kel derviş, bir bakıma papağan için ayna görevinde bulunuyor. Hikâyenin empati boyutu buradadır. Bazı sıkıntıları sadece benzer sıkıntıları çekenlerin anlayabileceği anlayışının bir örneği olarak papağanda da beni ancak benim derdimi çeken anlayabilir tarzında bir algı oluşmuş. "Beni ne sahibim ne de başkası; ancak benim hâlime düşen birisi anlayabilir" düşüncesiyle, kendisini anlayabilecek birinin olmasının verdiği ümitle papağanın dili çözülüyor.

Anlaşılma ihtiyacı çok önemlidir. Sahibi onca dil dökmesine rağmen bunu yapamadığı için papağanını yeniden konuşturmayı başaramamıştır. Oysa adamın yapması gereken şey, yaşattığı travmayı kabullenip, papağanın travmasını yeniden proses etmesini sağlayacak koşulları hazırlayarak ondan kendisini affetmesini istemektir. Bunu yaptıktan sonra arasını düzeltmeye çalışması daha köklü bir çözüm olurdu.

Günlük hayatta da bir kişiyi üzdüğümüzde özür dilemeden önce o kişiye kendisini üzdüğümüz durum hakkında bir açıklama yapmamız gerekir. Hikâyedeki adam, papağanını anlayamıyor. Anlayamadığı için de travma çözümüne uygun davranamıyor. Halbuki, papağana "Gül yağları önemli değil, sen önemlisin" deseydi aradaki bağlantıyı kurmuş olurdu. Bağışlanma için öncelikle özür dileyen kişinin hatasının farkına varması gerekir. Çünkü yapılan hatanın farkına varılmaması aynı hatanın tekrarlanma olasılığını artırır. O zaman ilişki sadece anlık olarak düzelir ama o yara kişinin içinde kalır. İçerideki yaranın düzelmesi için olayın analiz edilmesi gerekir. Hikâyedeki insanların papağana gülmesinin nedeni onu anlayamamış olmalarıdır. Diğer insanların empati yoksunluğu, duygusal körlükleri papağanı anlayamamalarına sebep olmuştur. Olayın içinde olmadıkları için konuya yüzeysel yaklaşmışlardır.

Sosyal ilişkilerde anlaşmazlık çözümü teknikleri vardır. Bir arabulucu sorun yaşayan iki tarafa "Hadi el sıkışın" dediğinde incinen tarafın hatalı tarafı affetmesi için, hatalı olanın özür dilemesi esastır. Sadece özür dilemek yetmez, aynı zamanda diğer tarafın yaşadığı travmayı aşması için gerekli olan "Hata yaptı ama farkına varmış" düşüncesinin uyandırılması gerekir. Olayı analiz etmeden sadece menfaat için iyi davranmak, haksızlığa uğrayan kişiyi rahatlatmaz. O nedenle birisinin kalbini kıran bir insan, karşı tarafın kalbini kıran şeyin ne olduğunu tam olarak analiz etmeli ve "Ben şunlarda hatalıyım" diyerek özür dilemelidir.

İş ilişkileri söz konusu olduğunda bu analizin yapılması eğer bir hata varsa, aynı hataların bir daha olmamasını sağlamak içindir. Mesela bir hemşire hastaya yanlış bir ilaç verdiğinde o hatanın tüm boyutlarıyla analiz edilmesi ve hemşirenin ondan sonra affedilmesi gerekir. Yoksa o hemşirenin aynı hatayı tekrarlama olasılığının önüne geçilmiş olmaz.

Bu tür olayların mantıksal ve duygusal çözümünün beraber yapılması gerekir. Analitik çözümleme için de travmayı yaşayan kişinin neden-sonuç ilişkisini çözmesi lazımdır. Yoksa sadece özür dilemek duygusal çözüm olur ve yeterli değildir.

Mesnevi'den Söz

Kendine yapılmasını istediğin şeyi âleme yap, ister eziyet olsun ister zarar. Çünkü Hak gözetlemededir, pusudadır. Hesap gününden önce karşılığını vermektedir.
(VI., 4528-4529)

***Mutlaka gönülden gönüle yol vardır derler.* (VI., 2555)**

ÜÇÜNCÜ ADIM: İLETİŞİM BECERİLERİ

Bu aşamada kişinin iletişim becerilerini öğrenmesi ve uygulayabilir hâle gelmesi, kendi duygu ve düşüncelerini fark edip bunları sağlıklı bir şekilde ifade edebilme becerisini kazanması; ben dilini kullanabilmeyi, ilişkilerimizi devam ettirebilmek için önemli olan becerilerden biri olan, "hayır diyebilme" becerisini yerinde ve zamanında kullanabilmeyi, sözlü-sözsüz iletişim becerilerini öğrenmesi amaçlanır.

HİKÂYE
Padişah mı İnci mi?

Bir gün padişah divanına bir inci tanesiyle gitti.
Vezirine gösterip, "Bunun değeri nedir acaba?" diye sordu.
Vezir, "Yüz eşek yükü altın değerinde" diye yanıt verince,
Padişah vezirinden inciyi kırıp parçalamasını istedi.
Vezir, "Böyle paha biçilmez bir inciyi nasıl kırarım, sizin
hazinenize nasıl zarar verebilirim?" diyerek söyleneni
yapmadı. Padişah bu cevap üzerine vezire bir elbise bağışladı.
Bir süre sonra padişah, inciyi bu kez perdeciye gösterdi.
Perdeci, "Bu inci ülkenin yarısı kadar değerli"
diye cevap verdi.
Padişah inciyi parçalamasını isteyince de kırmaya eli
varmayacağını söyledi. Perdeci de bir elbise ve
parayla ödüllendirildi.

Padişah aynı şekilde pek çok adamına aynı soruyu sorup aynı cevabı aldıkça, onları ödüllendiriyordu.

Sonra Eyaz'a geldi sıra. Eyaz incinin çok değerli olduğunu söyledi ama herkesten farklı olarak inciyi kırmaktan çekinmedi. Herkes Eyaz'a büyük bir tepki gösterdi. Eyaz da onlara şöyle dedi:

"İnci mi daha değerli, padişahın emri mi? Sizin gözünüz padişahın emrinde değil incinin güzelliğinde."

Bu söz üzerine padişah diğer bütün beylerin öldürülmesini emretti. Ama Eyaz araya girip onların bağışlanmasını diledi. Çünkü padişahın buyruğuna karşı pervasız davrananın, yine padişahın affından başka sığınacak yeri yoktur.

Başkalarının Görmediğini Görme ve İletişim Yeteneği

Burada olaylara farklı bir gözle bakabilme yeteneği sorgulanıyor. Bunun için olayı, hadisenin yaşandığı "karenin dışına" çıkıp değerlendirmek gerekir. Eğer karenin içindeysek yaptığımız analiz tam olarak yerinde olmaz. Kişi sadece gördüğü kadarına odaklanarak "gerçek budur" diyebilir.

Hikâyede Eyaz olayı analiz ederken sadece bir açıdan değil, padişahın üstünden de bakmayı başarıyor. Diğerleri sadece padişahın gösterdiği noktaya bakarken Eyaz perspektifi genişletiyor. Demek ki bir durumu değerlendirirken aynı zamanda düşünce sistemimiz üzerine de düşünmemiz lazım. Bunu yapabilenler, karenin dışına çıkıp düşünebilenlerdir. Eyaz padişahı ve emrini bir arada analiz ediyor. Padişahın bu emri niçin verdiğini, bunun bir adım öncesini ve sonrasını analiz etmeye çalışıyor.

Mevlana bu hikâyede bize olayları değerlendirirken sadece söylenenleri değil söylenmeyenleri ve söylenenlerin de niçin söylendiğini düşünmemizi öneriyor. Eyaz incinin değerli olduğunu söylüyor ama onu kırmaktan da çekinmiyor. Ve kendisine tepki gösterenlere "İnci mi yoksa padişahın sözü mü daha değerli?" diye soruyor. "Sizin gözünüz padişahın sözünde değil, incinin güzelliğinde" diyerek padişahın bu emri neden verdiğini sorguladığını da gösteriyor. Sonuçta inciyi parçalamamak padişahın emrini küçümsemek gibi bir anlama gelse de Eyaz yine araya girip "Padişahın emrine pervasız davrananların yine padişahın affından başka sığınabilecekleri bir yer yok" diyerek onların bağışlanmalarını istiyor. Böylece padişahın makamını daha da yükseltiyor. Burada padişahı mutlak güç sahibi bir insan gibi düşündüğümüzde anlatılmak isteneni daha iyi anlarız. Mutlak güç sahibi bir insan, incinin güzelliğini değil, kendi fikrinin güzelliğini ön planda tutar. Keskin bir iletişim yeteneği olan Eyaz da dikkati padişahın emrine çekerek kendisinden bekleneni yerine getirmiştir.

Mesnevi'den Söz

Buluştuğun herkesin yüzünden bir şey yersin. Her buluştuğundan bir şey alırsın. (II, 1091)

ALTINCI ADIM: ÖFKE, STRES VE ZAMAN YÖNETİMİ

Bu aşamada stresi ve stres tepkilerini tanıma, stresle başa çıkma yöntemleri üzerinde çalışma, "savaş ya da kaç tepkisi" konusunda bilgilenme, rol-oynama yöntemi ile stresli bir durumla baş etme deneyimi kazanma eğitimi verilir. Stresli durumlarda olumlu düşünmenin yararlarını kavrama; zamanı doğru, kaliteli ve hedefe yönelik kullanabilme becerisinin geliştirilmesi amaçlanır.

HİKÂYE
Arslan Payı

Bir gün bir arslan, bir kurt ve bir tilki birlikte avlanmak üzere sözleşerek dağlarda dolaşmaya başladılar. Birbirlerine yardım edecek, böylece bol bol av hayvanı yakalayacaklardı. Gerçi bu iş arslanın ağırına gidiyor, onlarla avlanmaktan utanıyordu lakin sabrediyordu. Üçü birden dolaşıp uzun süre avlandılar, derken bir yaban öküzü, bir dağ keçisi bir de semiz tavşan avladılar. Bir su başına geldiler, uzun süre dolaşmış, yorulmuşlardı. Oturdular.

Arslan:

"Ey kurt, bu avladığımız hayvanları adaletli bir şekilde paylaştır, adaleti yeniden ihya et" dedi.

Kurt kalktı, kendinden son derece emin adımlarla yürüdü. Yaban öküzünü aldı, arslanın önüne bıraktı:

"Efendimiz", dedi. "En büyüğümüz siz olduğunuz için yaban öküzü sizin hakkınız. Keçi orta boyda ve orta irilikte, o da bana düşer. En küçüğümüz tilki olduğuna göre tavşan da onun hakkıdır" dedi.

Bu paylaşım karşısında arslan öfkeyle kükredi:

"Ey haddini bilmez gafil! Benim yanımda kendine nasıl pay çıkarırsın?" diyerek bir pençe darbesiyle kurdu yere serdi.

Sonra tilkiye dönerek:

"Ey tilki, bu avları adaletli bir şekilde paylaştır bakalım" dedi.

Tilki önce arslanın önünde saygı ile eğildi, sonra:

"Bu semiz öküz siz efendimizin kuşluk yemeği, bunu kuşluk vakti yersiniz. Keçi, siz büyük kralımızın öğle yemeği için güzel bir yahni olur, onu da öğle vakti yersiniz. Tavşana gelince, o da size akşam yemeği olur, onu da akşam afiyetle yersiniz" dedi.

Arslan, gayet hoşnut bir şekilde:

"Ey tilki, çok adil davrandın. Söyle bakalım, böylesine güzel pay etmeyi kimden öğrendin?" diye sordu.

Tilki, arslana fark ettirmeden her ihtimale karşı birkaç adım uzaklaştı, sonra kurnaz kurnaz gülerek: "Kurdun başına gelenlerden" dedi.

Büyüklük Duygusu ve Kriz Durumlarında Mizah Kullanımı

Bu hikâye de gerçekten çok hikmetli ve günümüzdeki adalet tartışmalarından izler taşıyor. Zayıf sineklerin örümcek ağına takılıp kalması, güçlü sineklerin ise ağı delip geçmesi misali güçlü olanın haklı bulunduğu bir dönemdeyiz. Güçlü olan mı haklı, yoksa haklı olan mı güçlü? İnsan ilişkilerini ve evrendeki her şeyi mücadele temeline oturttuğunuz zaman güçlü olanın zayıf olanı yutma hakkı vardır diye düşünürsünüz. Böyle durumlarda barışçıl olmayan bir rekabet ilişkilere hâkim olur.

Barışçıl olmayan rekabet adil olmayan bir paylaşıma yol açar. Nitekim hikâyede de öyle oluyor. Adil olmayan paylaşımda arslan hakkı olmayan şeylere de sahip çıkma davranışı sergiliyor. Gündelik hayatta, sosyal ilişkilerde de böyle davranan kişiler görürüz. Bu kişiler benmerkezci düşünürler. Benmerkezci kişilerin adalet sağlamalarını bekleyemeyiz. Adil olmaları için muhakkak kendilerini diğer insanlarla eşit görmeleri gerekir. Demek ki tevazu aslında alçakgönüllülük değildir. Tevazu eşitler arası ilişkisi kurmak demektir. Kendini diğer insanlardan daha aşağı görmek değil, eşit görmektir aslolan. Prensipli, ilkeli bir hayat yaşamaktır.

İnsanın kendi hakkını ilkeli bir şekilde isteyebilmesi önemlidir. Bunu yapabilen kimse adalet konusunda doğru davranmış olur. Kanunların koruduğu menfaat paylaşımına yazılı hukuk denir. Ama bir de vicdanın koruduğu bir menfaat paylaşımı vardır. İşte bu ahlaktır. Ahlakî duyarlılık kişide iç sorumluluk oluşmasını sağlar. Yani kişide hem kendi ilkelerine karşı sorumluluk hem de Yaratıcı'ya karşı sorumluluk ve hesap verme duygusu hâkimdir. Egosu çok kabarık insanlar kimseye hesap vermek istemezler. Kendilerini "özel" gördüklerinden sadece kendi kendilerine karşı sorumluluk hissederler. Oysa adalet dağıtan kişinin kendini sadece diğerleriyle eşit görmesi yetmez, aynı zamanda kendi isteklerine karşı da bağımsız olması gerekir. Kendi zayıf yönlerini bilip onlara karşı da aynı mesafede durması icap eder.

Hikâyenin bir boyutu daha var. Yanlış yapana hatasını söylemediğimiz zaman o kişi yaptığını hakkı olarak görmeye başlar. Hikâyede tilki arslana bir mesaj da vermeye çalışıyor. "Ben avladıklarımızı senin hakkın olduğu için değil, senden korktuğum için bu şekilde paylaştırıyorum" mesajını veriyor. Bu noktada, kişilerin güçlü olana hatalı davrandığını söyleyememelerinin nedenleri de önem kazanır. Bir sultanın meclisinde bulunan adamlardan biri hiç konuşmuyormuş. Sultan "Niye konuşmuyorsun?" diye sorduğunda "Doğruları söylesem sizden korkuyorum, yanlışları söylesem Allah'tan korkuyorum" demiş. Demek ki o sultan otoriter ve eleştiriye kapalı bir devlet kurmuş. Doğruları söylemeye cesaret edemeyen insanların olduğu yerde istibdat vardır. Elbette böyle zamanlarda doğruları söylemenin bir bedeli vardır. Ancak vicdanî zekâ o bedeli göze almayı gerektirir. Yukarıdaki hikâyede tilki bunun yolunu mizahta bulmuş. İlk bakışta arslana yağcılık gibi görünen tavrı, aslında verdiği cevapla, birkaç adım geri çekilmesiyle ironi yoluyla olanları sorgulatmak kastını taşıyor. Bizler de benzer durumlar için başımızı derde sokmadan doğru mesajı vermenin bir yolunu bulabiliriz.

***Mesnevi'den* Söz**

***Gönlüne geçim kaygısını az koy! Sen kapıda oldukça rızkın da azalmaz.* (II., 454)**

YEDİNCİ ADIM: BAĞIŞLAYICILIK VE HOŞGÖRÜ

Bu adımda, sosyal ilişkilerde karşı tarafı anlayabilme, farklı düşünülse bile hoşgörü gösterebilme; hata karşısında bağışlayıcı olabilme ve ilişkileri yürütebilme becerisini kazandırma amaçlanmaktadır.

HİKÂYE
Haddini Bilme Öyküsü

Fare, bir devenin yularına yapışmış, onunla birlikte gidiyordu. Gidiyordu ya, gurur ve kibri de kendisiyle birlikte gidiyordu.

Deve, ömrü boyunca bu kadar kibirli, kendini beğenmiş ve üstün gören biriyle karşılaşmamıştı. Fare, kendi kendine: "Ne büyük bir rehbermişim de haberim yokmuş. Deveyi yularından tutmuş götürüyorum" diyordu.

Az sonra bir ırmağa çıktı yolu devenin. Gürül gürül çağlayarak akıyordu. Deve duraksadı. Akıntı güçlüydü. Ama rahatlıkla geçebilirdi. Fareninse beti benzi atmıştı. "Eyvah!" dedi. "Şimdi ne yapacağım?"

Deve, az önce gururundan yanına yaklaşılmayan fareye baktı: "Hayrola dostum!" dedi. "Ne oldu?"

Fare kekeledi: "Yo, yok bir şey!"

Deve: "Haydi!" dedi. "Paçaları sıva da gir suya, kılavuz sen değil misin?"

Fare, zor durumdaydı: "Bu koca ırmağı nasıl geçerim?" dedi. Sesi yumuşamış, yelkenleri suya indirmişti.

"Su çok derin!"

Deve ağır ağır girdi suya. Birkaç adım attı. Su dizlerindeydi:

"Korkmana gerek yok!" dedi. "Bak, dizlerime geliyor!"

Fare yalvarır gibi:

"Aziz üstad..." dedi. "Senin dizine gelen su, benim başımı kaç metre geçer Allah bilir."

Deve taşı gediğine koyarak:

"Öyleyse..." dedi. "Bir daha böbürlenme, haddini bil!"

Ve ekledi:

"Haydi hörgücüme geç de gidelim."

Zekâ Tek Başına İşe Yaramaz

Hikâyede fare, deveye rehberlik ediyor. Aslında önemli bir iş yapıyor. Deve hakikaten rehber olmadan yolunu bulamaz. Başında bir rehber olmazsa durur, gitmez ama fare burada rehberlik yaparken sahip olmadığı bazı sıfatları da kendisine mal ediyor. Kendisini olduğundan daha büyük, daha güçlü ve kapasiteli görüyor. Sosyal hayatta da kişinin böyle olması, kişilik sınırlarını bilmemesine sebep oluyor. Kişi kendini olduğundan büyük görünce kibir, büyüklenme olduğundan küçük görürse de özgüven yetersizliği meydana geliyor.

Günümüzde insanlara yol göstermeye çalışan ve çok da revaçta olan kişisel gelişim kursları var. Bu kurslarda kişiye "olumsuz yönlerini yok say, hep başarıya odaklan, başarısızlık yoktur, sadece sonuç vardır" gibi motivasyon teknikleri öğretilir. Görünürde bu hoş bir durum gibi algılansa da kişinin hayatta olumsuzluklarla, başarısızlıkla karşılaştığı zaman kendinden kaynaklanan sebepleri görememesine neden oluyor. Böyle olduğunda kişi tüm olumsuzlukları dış sebeplere bağlamaya başlıyor. İnsan ilişkileri zarar görüyor.

Kibir sahibi olan kişi bir işe iyi başlayabilir, iyi devam edebilir ama bir engelle karşılaştığı zaman onu aşacak kapasitesi yoksa mahcup duruma düşer. Hikâyedeki fare "Devenin rehberlik konusunda bana ihtiyacı var ona bu hususta yardımcı oluyorum ama benim de gücümün sınırları var. Şu an rehberlik vazifemi iyi yapıyorum ama şartlar değişirse gücümü aşan durumlarla karşılaşabilirim" diye düşünseydi haddini bilmiş olurdu. Bu tavrı gösterebilseydi, ırmağın kıyısına geldiklerinde deveye "Seni buraya kadar getirdim ama burada sular benim boyumu aşıyor. Karşıya nasıl geçebileceğimiz konusunda sen ne düşünüyorsun?" diye sorabilirdi. Böylelikle aralarındaki ilişkiyi ego savaşına dönüştürmemiş olurdu. Ne yapacaklarını deveye sorsaydı, deve muhtemelen "Bin hörgücüme, geçelim" derdi ve sorun ortadan kalkmış olurdu ama maalesef kibir hastalığı olanlar, sormaktan kaçınırlar.

Buradaki birincil problem, farenin kibri nedeniyle soru sormayı eksiklik olarak görmesidir ki bu büyüklük hastalığıdır. Kendini olduğundan büyük görmek yerine eksikliklerini görebilse böyle bir sorunla karşılaşmayacak. Fare bilgisi sayesinde deveye rehberlik etmiyor da sanki kral edasıyla tüm gücü ve yetkiyi kendinde görüyor. Belki mantıksal zekâsı yüksek, sosyal zekâsı da fena değil ama vicdanî zekâsı düşük olduğu için kendini olduğundan büyük görüyor.

Bu hikâyede farenin aklı ve zekâyı, devenin de gücü simgelediğini düşünürsek, zekânın her zaman tek başına işe yaramadığı, güçle birleşmediği kimi durumlarda çok da bir şey ifade etmediği şeklinde bir analoji ortaya çıkabilir. Hikâyede anlatılmak istenen, gücün tek başına amaca götürmeyeceği ama sadece aklın da yeterli olmadığıdır. Devenin bedensel zekâsı, farenin de mantıksal zekâsı öne çıkmıştır. İkisi ancak birbirini tamamlayarak yola devam edebilirler. Yani hiçbiri sadece kendine güvenerek hareket etmemelidir. Zaten bilgelik de farklı meziyetlerin birlikte kullanılmasıyla ortaya çıkar.

Sonuç olarak, fare ne kadar kendini beğenmişlik etse de deve hoşgörü ve bağışlayıcılık özelliğini öne çıkararak erdemli bir davranış göstermiştir. Fareyi derenin öbür tarafında bırakmak yerine onu affederek yollarına devam etmeyi teklif etmiştir. Bizler de bazen birlikte uğraş içinde olduğumuz insanlar tarafından haksızlığa uğrayabiliriz ancak bazı hataları hoşgörmek hata yapanın ders almasına neden olabilir. Böylelikle her iki taraf da zarar görmek yerine üzerinde çalıştıkları işlerini tamamlayabilir.

Mesnevi'den Söz

***Yükünü herkese yükleme, kendine yükle. Baş olmayı isteme, yoksulluk daha iyidir. Halkın boynuna binme de ayaklarına nikris illeti gelmesin.* (VI,. 328-329)**

SEKİZİNCİ ADIM: SEBATLILIK

Bu adımda, dürtüleri kontrol edebilme, alınan kararları uygulayabilme, aktif sabır, meditatif bir eylem olarak sabır, hareket hâlinde sabır çalışmaları yapılır. Karar verilen işi / görevi bırakmama, işin devamı ve sürekliliği için çaba harcama becerilerinin kazandırılması hedeflenir. Engellere rağmen hedefe yürüyebilme yeteneği geliştirilir.

HİKÂYE
Kerpiç Öyküsü

Susuzluktan yüreği yanan adam, ırmağın kıyısındaki yüksek, kerpiç duvara oturmuştu. Sudan çıkan balık nasıl tekrar ona kavuşmak için çırpınırsa, adam da suya ulaşmak için öyle uğraşıyordu. Ne var ki duvar yüksekti, ne kadar çabalasa da yetişmesi imkânsızdı.

Oturduğu duvarın kerpiçlerine dikti gözünü. Hayli nemli ve yıpranmışlardı. Epey uğraştıktan sonra birini sökmeyi başardı. Alıp suya attı. Çıkan ses, kulağına bir gözeden çıkan suyun sesi gibi geldi. Sevgilinin tatlı sesi gibi, sarhoş ediciydi.

Başka bir kerpiç kopardı, attı suya. Sesi keyifle dinledi. Bir kerpiç daha söktü... Bir daha, bir daha... Derken işin coşkusuna kaptırarak kendini hızlandı. Attıkça, su sanki:

"Bana bu kerpiçleri atarak ne elde edeceğini sanıyorsun?" diye soruyordu.

Adam, suya seslenerek:

"İki yararı var" dedi. "Biri susuzluktan kavrulan yüreğimi serinletiyor. Sesin, tıpkı İsrafil'in sesine benziyor. Ölülerin bile canlandığı ve kulak verdiği sese. Su bekleyen bitkilerin, otların ve çiçeklerin sıcak yaz günlerinde duydukları ve yağmuru müjdeleyen gök gürültüsüne... Diğer faydası ise, koparıp attığım her kerpiç, beni sana biraz daha yakınlaştırıyor."

Kaçınılmaz Durumlardan Tat Alabilmek

Hikâyede kişi amaca ulaşmak için çabalıyor. Kerpiçleri sökmesi onu hedefe yaklaştırıyor. Adam aynı zamanda bunu eğlenceli hâle getirmeyi başarıyor. Eğer önünüzde bir engel, zorluk varsa onu aşmak için yaptığınız şeyleri eğlenceli hâle getirmenin yolunu bulursanız sadece hedefe ulaşmakla kalmaz, ek kazançlar da elde edersiniz. Hedefe yürürken yapılması gerekenleri öfkeyle yerine getirmektense, kişinin kendini rahatlatan, ferahlatan yollar bulması hem yolun zevkle yürünmesini sağlar, hem de bu daha güvenli bir davranıştır. Kişi bir yandan ruhen rahatlarken bir yandan da sonuca adım adım yaklaşmış olur.

Mesnevi'den Söz

Açlığa sabredersin, adı "oruç" olur.
Acıya sabredersin, adı "metanet" olur.
İnsanlara sabredersin, adı "hoşgörü" olur.
Dileğe sabredersin, adı "dua" olur.
Duygulara sabredersin, adı "gözyaşı" olur.
Özleme sabredersin, adı "hasret" olur.
Sevgiye sabredersin, adı "AŞK" olur.

DOKUZUNCU ADIM: YARDIMSEVERLİK VE İŞBİRLİĞİ

Bu aşamada, kişinin başka insanlarla ortak amaçlar doğrultusunda işbirliği yapmaktan zevk duyması, yardımseverlik ve işbirliğinin önemini kavraması amaçlanır. Farklı kişiliklerin aynı amaç için birlikte çalışabilmesi, birlikte yaşama bilinci kazandırılmaya çalışılır.

HİKÂYE
Cömert Şeyh Öyküsü

Cömert bir şeyh vardı. Büyük miktarlarda borçlanır yoksullara dağıtırdı. Yine borç ile bir tekke yaptırdı, malı mülkü neyi varsa Allah yoluna vermişti. Allah da onun borçlarını ödemesini sağladı.

Şeyh böylece hayatını sürdü, hep borç aldı ve yoksullara dağıttı. Ömrünün sonuna erdi. Hastalandı. Borçlu olduğu kişiler gelip etrafında toplandılar. Hepsi üzgün ve umutsuzdu. Şeyh onlara, "Allah'ın beş yüz dinar bulmaya gücü yetmez mi sanki?" diyordu.

O sırada dışarıdan helva satan bir çocuğun sesi geldi. Şeyh, hizmetçisine bütün helvaları gizlice gidip satın almasını söyledi.

"Alacaklılar helvayı yiyince belki acı acı bakmaktan vazgeçerler" diye düşündü. Hizmetçi gizlice gidip çocuğun bütün helvasını yarım dinara aldı. Getirip Şeyh'in önüne koydu...

"Buyurun..." dedi Şeyh alacaklılara. "Şu güzel helvayı yiyin."

Herkes helvayı yedikten sonra çocuk da kabını alıp parasını istedi.

Şeyh:

"Paranı verecek gücüm yok, borç içinde yüzüyorum ben" deyince, çocuk ağlamaya başladı:

"Şimdi ben ustama ne söylerim?!" diye saatlerce ağladı. Bu sırada pek çok kişi çocuğun başına toplanıyordu. Alacaklılar da Şeyhe kızgındı.

"Bize yaptığın yetmiyormuş gibi bu çocuktan ne istedin!" diye çıkışıyorlardı.

Şeyh bütün bunların hiçbirisine aldırış etmiyordu. Oraya gelenlerden birkaç akçe toplansaydı çocuğun parası ödenirdi, ama Şeyhin himmeti buna da izin vermemişti. Hiç kimse çocuğa bir şey vermedi.

İkindi vaktinde hizmetçi elinde bir tabakla çıkageldi. Şeyhin halini duyan bir yüce kişi ona armağan göndermişti. Tabağın bir tarafında beş yüz dinar, bir yanında da yarım dinar duruyordu. Bu kerameti gören herkes feryat edip şeyhten özürler dilemeye başladı. Şeyh onlara:

"Bütün söylediklerinizi size helal ettim. Bu tabağın sırrına gelince, onu Allah'tan diledim. O da bana doğru yolu gösterdi. Evet, yarım dinar az bir miktar, ama ele geçmesi çocuğun ağlamasına bağlı. O çocuk ağlamadan merhamet denizi coşup köpürmez" dedi.

Yardımlaşırken de Kul Hakkı

Mevlana'dan duygusal zekâ becerilerinden yardımlaşma gibi bir sosyal duyguyu analiz edecek bir hikâye bu. Onlarca mesajından çıkardığım bazılarını aktarmak isterim.

Birincisi başkalarının parası ile sadaka vermenin risklerine dikkati çekiyor. İyi niyet ve şahsi menfaat peşinde koşmadan yardım etme davranışının erdem olduğunu ancak kul hakkını göz önünde tutmamanın bir bedeli olduğunu vurguluyor. Karşısında alacaklıları dizilmiş, bir çocuğu bile alacağını veremediği için ağlatan şeyh modeli dikkat çekiyor. Bu tarz davranışlar insanı dini değerlerden uzaklaştırır.

Şeyh bunu bilmiyor muydu? Evet, biliyordu; bilerek böyle davrandı. Çünkü Allah'ın merhametini celp etmenin yollarını da biliyordu.

Hikâyede ikinci olarak yardımlaşma kültürü tanımlanıyor. Günümüzde sosyal bağlar zayıfladığı için insanlar yardımsız ve korumasız kalıyor. Oysa toplum sadece güçlü, varlıklı ve sağlıklı bireylerden oluşmuyor. Hastalar, zayıflar, yaşlılar, çocuklar, özürlüler sosyal yapının üretmeyen katmanlarıdır ve ancak yardımlaşma kültürü ile bu kişilere çıkar beklentisi olmadan yardım edilebilir. Mevlana bu hikâye ile sosyal hastalığın arkasında bencillik olduğunu göstermek istemiş.

Kendi menfaatini sıfırlamanın birinci şart olduğu böyle durumlarda ikinci şart da yol ve yöntemin bilinmesi ile amaca ulaşılabileceğidir. Beş yüz dinar önceki borçların karşılığı, yarım dinar da Allah'ın merhametini çeken çocuğun ağlamasının karşılığıdır. Mevlana iki ayrı olayı ayrıştırarak düşünmemizi istiyor.

Bir binaya girmek istediğinizde kapı, pencere, baca, mahrem odaları bilmekle birlikte anahtarımızın da olması gerekir. Allah'ın yardımını çekebilmek için de hangi yol ve yöntemi uygulamamız gerektiğini bilmeliyiz. Oturup sadece bir yakarışla beklemeye değil Allah'ın merhametini davet edecek yöntemler geliştirmemize vurgu yapan şahane bir hikâye.

***Mesnevi'den* Söz**

Duvarların yardımı olmasa evler, ambarlar nereden meydana gelirdi? Her duvar birbirinden ayrı olsa tavan, havada nasıl olur da direksiz, dayanaksız durur?

(VI, 519)

ONUNCU ADIM: UZLAŞMACILIK

Bu aşamada, demokratik işleyiş, otoriter ve totaliter tutumlar çalışılır. Adil paylaşımın önemi özgürlüğün yetenekleri geliştirici etkisi, çatışmaya neden olan durumları tanımlama, iki tarafın da istek ve ihtiyaçlarını belirleme, karşılıklı ihtiyaçları dikkate alarak öneriler oluşturma, iki taraf için de uygun olan çözüm önerilerini seçme, karar verilen çözümde kimin ne yapacağını belirleme, işbölümü yapma becerileri hedeflenir. Sorun değil çözüm odaklı düşünebilme çalışılır.

HİKÂYE
Fil Öyküsü

Ömründe hiç fil görmemiş olan Hintliler, merakla ahıra koştular. İçerisi karanlıktı, kimse bir şey seçemiyordu. Hayvana dokunuyor, anladığı gibi tarif ediyordu herkes. Biri, hortumunu tutarak:

"Fil bir borudur" diyordu.

Bir diğeri, kulağına dokunarak:

"Hayır!" diyordu. "Fil bir yelpazedir."

Bir başkası, ayağına tutunarak:

"Bir sütun..." diyordu. "Kocaman bir sütuna benziyor."

Öteki, sırtını elleyerek:

"Fil taht gibidir" diyordu.

Herkes, dokunduğu yerine göre tarif etti fili. Birinin niteleyişi diğerini tutmadı.

Hazreti Mevlana'nın çok bilinen bu hikâyesi çok vurucu ve sarsıcı bilgileri bize hatırlatıyor. Uzlaşmacılığın temel şartlarından biri olan "altı boyutlu düşünme" ilkesine vurgu yapıyor.

Bugün "Mediyatörlük" adı altında arabuluculuk ve anlaşmazlık çözümü konuları üniversitelerde anabilim dalı olarak kabul edildi ve yüksek lisans alanı olarak tanımlandı. Dünya parlamentolarında, hukuk anlaşmazlıklarında sulh hukuk mahkemelerinden önce uzmanlarca tarafları uzlaştırma için arabuluculuk yasa taslağı hazırlanıyor.

Birey-birey arasında yahut devlet-birey arasında yaşanan sorunlarda veya aile içi anlaşmazlıklarda görev tanımı yapılmış uzmanların yetiştirilmesinde kullanılan iki temel ilke şunlardır.

1-Büyük fotoğrafı görmek,

2-Algı ile olguyu karıştırmamak.

İnsan ilişkilerinde ilişki yönetimi uzmanları şu sonucu çok iyi bilirler: " İletişim çatışmalarının % 70-80 i yanlış bilgi-veri nedeniyle başlar ve sürer ancak % 20-30'u kasıt ve kötü niyetten kaynaklanır."

Kübün altı yüzüne bakmak olarak da tanımlanan "altı boyutlu düşünce"de geçmiş, gelecek, güçlü yönler, zayıf yönler, imkânlar ve fırsatları anlayabilmek için filin tamamını görmek gerekmektedir.

Filin kulağını yelpaze sanan insana fili anlatamayız. Âşık Veysel "Kurtla kuzu aynı dili konuşsa hiç kavga ederler miydi?" diyor. Kurtla kuzunun DNA'ları buna izin vermiyor ancak insana kavramsal düşünme, teori üretme, sembolik ve soyut düşünme özellikleri verilmiş. Akıl cihazını kullanmayan insan ahmak olmakla kalmaz hayvandan da daha düşük seviyeye sukut eder.

Küçük insanlar büyük olayları analiz edemezler. Kendi algıladıklarını olgu zanneden, bu sebeple eşini, komşusunu öldüren insanlar, savaş çıkaran siyasetçiler keşke Mevlana'yı okuyabilselerdi.

SONSÖZ

Günümüz insanının arayışlarına Mevlana reçeteleri…

Çağımızın nörotik insanı tasavvufun vaat ettiğini arıyor farkında değil,

Çağımızın nörotik insanı Mevlana'nın sunduğu varoluş çözümlerini arıyor farkında değil,

Çağımızın nörotik insanı acılara Mevlana'nın sunduğu çözümü arıyor farkında değil,

Günümüzün tedirgin insanı manevi bir rönesans arıyor farkında değil,

Günümüzün endişeli insanı semavi öğretilerin vaat ettiği güvenli limanı arıyor farkında değil,

Günümüzün kaygılı insanı Mevlana'da sembolleşen teselli gücünü arıyor farkında değil,

Günümüzün bunalımlı insanı varoluş krizinde ve anlam arayışında Mevlana'da simgeleşen yaşam felsefesini arıyor farkında değil,

Günümüzün kaygılı insanı Mevlana'da uygulamaya geçmiş kişisel koçluğu arıyor farkında değil,

Günümüzün ilkesiz siyaseti siyasete ahlak katan bilgelik değerlerini arıyor farkında değil,

Günümüzün kapitalist sistemi ticarete ahlak katan kadim bilgeliği arıyor farkında değil…

"Nasıl yaşarsam hem mutlu hem de başarılı olurum?" diyorsanız Hz. Mevlana'ya sunmaya çalıştığım gözle bakınız diyorum.

KAYNAKLAR

1. Aaron T. Beck, M.D. , Judith S. Beck, Ph.D. Personality Belief Questionnaire (PBQ), 1995 Türkçe Versiyon: M.H. Türkçapar & Samet Köse 2003.

2. Anthony, Strano; Batılı Zihin İçin Doğulu Düşünceler, Altın Yayıları, 2006.

3. Can, Şefik; Mesnevi Tercümesi (1-6 cilt), Ötüken Neşriyat, 2011.

4. Cloninger, Robert.C.; Feeling Good, The Science of Well- Being, Oxford University Press, 2004.

5. Elif Onur*, Michael J. Sheridan**, Isao Fukunishi***, Thomas N. Wise****, The Revised Emotional Intelligence Scale: Cross Cultural Validation in A Turkish Psychiatric, Outpatient Cohort, *Dokuz Eylül University, **George Washington University, Inova Fairfax Hospital, ***Tokyo Institute of Psychiatry, **** Johns Hopkins University, Inova Fairfax Hospital.

6. Karaköse, Ş.,Karaköse, R.; Mevlana ve Ruhsal Terapiler, Yediveren Yayınları 2011.

7. Klein, Stefan; The Science of Happiness How Our Brain Make Us Happy and What We Can Do To Get Happier, 2002.

8. Larry F. Sine, Ph. D., Silke Vogelmann-Sine, Ph.D. Originally Developed 10/95 and Revised 5/96, 6/97, 8/97. NCQ-IF (Negative Cognition Questionnaire - Initial Form –NKÖ (Negatif Kognisyon Ölçeği), List of Negative Cogni-

tion and Adapted Procedure For Evaluating Incidents From Appendix A in Shapiro, F. (Eye Movement Desensitization and Reprocessing: Basic Principles, Protocols and Procedures. New York: Guild Press).

9. Marinoff, Lou; Felsefe Terapisi, Prozac'ı Bırak Eflatuna Bak, Çev. Erhan Sökmen, Gendaş Kültür Yay. 2004.

10. Metakognisyon Ölçekleri, Negative Beliefs About Rumination Scale (NBRS), Beliefs About Rumination Scale (PBRS), Developed and Advised by Costas Papageorgiou and Adrian Wells, 2012.

11. Seçkinoğlu, Süheyl; Mesnevi'den Hikâyeler, Timaş Yayınları, 2011.

12. Tarhan, Nevzat; İnanç Psikolojisi, Timaş Yayınları, 2009.

iyi ki kitaplar var...

MUTLULUK PSİKOLOJİSİ

NEVZAT TARHAN

İnsan beyni, adeta bir orkestra şefidir. Ruh yapımız ve kişiliğimiz, beyin aracılığı ile kendini ifade etmektedir. Beynimizin stres altında kalması, bütün organlarımızın faaliyetine olumsuz etki yapacaktır. Stres ve zaman yönetiminde; duygu, düşünce ve davranış denetiminde beynimizi doğru kullanırsak, mutlu, başarılı ve nitelikli yaşayabiliriz. *Mutluluk Psikolojisi* yaygın hastalıklardan pek çoğunun temel kaynağı olan stresi mutluluğa dönüştürmenin püf noktalarını vurguluyor.